KB190853

복 있는 사람

오직 하나님 말씀에 사로잡혀 밤낮 성경말씀 곱씹는 그대!
에덴에 다시 심긴 나무, 달마다 신선한 과실 맺고 잎사귀 하나 지는 일 없이,
늘 꽃 만발한 나무라네.(시편 1:2-3, 메시지)

아침마다 말씀으로

새로워지시기를 기도하며

_____님께 드립니다.

Eugene H. Peterson

God's Message for Each Day
: Wisdom from the Word of God

유진 피터슨

아침마다 새로우니

복 있는 사람

아침마다 새로우니

2004년 12월 17일 초판 1쇄 발행
2023년 12월 5일 개정판 1쇄 인쇄
2023년 12월 12일 개정판 1쇄 발행

지은이 유진 피터슨
옮긴이 윤종석
펴낸이 박종현

(주) 복 있는 사람
주소 서울특별시 마포구 연남동 246-21(성미산로23길 26-6)
전화 02-723-7183, 7734(영업·마케팅) 팩스 02-723-7184
이메일 hismessage@naver.com
등록 1998년 1월 19일 제1-2280호

ISBN 979-11-7083-048-1 03230

우리가 살아가는 데 하나님에 대해
무엇을 믿느냐보다 중요한 것은 없다.

일러두기

이 책에 인용된 성경구절은『메시지』와『개역개정』을 사용했으며,
『개역개정』을 사용한 경우 별도로 표기했다.

1

하나님은
만물의 살아 있는
중심입니다

우리를 믿으시는 하나님

하나님께서[는] 여러분을 포기하지 않으시고,
여러분이 한계 이상으로 내밀리지 않게 [하십니다.]
고린도전서 10:13

우리는 정말 길 잃은 양처럼 헤매지만 하나님은 우리를 끝까지 찾으시는 신실한 목자이십니다. 우리는 기복이 심합니다. 오늘 뜨겁게 믿다가도 내일 침울한 회의에 빠집니다. 하지만 그분은 신실하십니다. 우리는 약속을 어기지만 그분은 그러시지 않습니다. 제자도란 내가 이 조항을 어기면 그분도 부담 없이 저 조항을 어기는 계약이 아닙니다. 제자도란 조건도 그분이 정하셨고 결과도 그분이 보장하시는 언약입니다.

제가 아는 믿음의 사람들은 모두 죄인입니다. 회의에 빠집니다. 행위가 일관되지 못합니다. 우리가 안전함은 우리 자신을 믿기 때문이 아니라 우리를 믿어 주시는 하나님을 믿기 때문입니다.

들으시는 하나님

하나님께 모두 털어놓고, 아무것도 숨기지 마라.
꼭 필요한 일이면 그분께서 이루어 주시리라.

시편 37:5

우리는 시끄러운 세상에 삽니다. 저마다 우리를 부르며 외치고 악씁니다. 저마다 시급한 메시지가 있습니다. 우리는 소음에 둘러싸입니다. 전화, 라디오, 텔레비전, 스테레오. 메시지는 고막을 찢을 듯 증폭됩니다. 세상은 일제히 말만 할 뿐 들으려 하거나 들을 줄 아는 사람이 없는 아수라장입니다. 그러나 하나님은 들으십니다. 그분은 우리에게 말씀하실 뿐 아니라 우리 말을 들으십니다. 그분이 우리에게 말씀하시는 것도 놀랍지만 우리의 말을 들으시는 것은 더 놀랍습니다. 주의 깊게 끝까지 들어 주는 이를 찾기란 하늘의 별 따기입니다.

누군가 들어 줄 때 우리는 나의 말과 감정이 매우 중요함을 압니다. 누군가 들어 줄 때 우리는 존엄성을 얻습니다. 들어 주는 이를 만나기까지는 내 생각이나 말이 얼마나 좋은지 도무지 알 수 없습니다.

아침마다 새로우니

1 / 3   일상의 편린들

그렇다면 황제의 것은 황제에게 주고,
하나님의 것은 하나님께 드려라.
마태복음 22:21

기도하는 이들은 "우리의 시민권은 하늘에 있다"고 고백하며 하늘의 상을 얻으려고 애씁니다. 그러나 보이지 않는 세계에 열정을 품는다 해서 일상의 책임에서 벗어나는 것은 아닙니다. 착실한 근무와 공정한 시합, 탄원서 서명과 세금 납부, 악에 대한 징벌과 의에 대한 장려, 비 맞기와 꽃향기 맡기. 현실이란 오감으로 느끼는 오만 가지 편린들의 무한한 조합입니다. 우리는 기도의 행위로 그것을 받고 또 드립니다.

잘 사는 인생

그 내용을 속속들이 이해하게 도우셔서
주님의 놀라운 기적을 묵상하게 하소서.
시편 119:27

　　잘 사는 인생, 삶의 진국에 대해 성경은 뭐라고 말할까
요? 무엇보다 먼저, 하나님을 상대하는 삶이라 말합니다. 물
론 그밖에도 상대할 것이 아주 많습니다. 위험, 부모, 적과 친
구, 연인, 자녀, 아내, 교만과 겸손, 질병과 죽음, 성, 두려움과
평안. 기저귀, 아침 식사, 교통체증과 막힌 하수구, 부도수표
는 말할 것도 없습니다. 그러나 상황과 사건과 사람들의 맨 앞
그리고 배경에는 언제나 하나님이 계십니다.

진행 중

그러나 완전하신 그분이 오시면,
우리의 불완전한 것들을 없애 주실 것입니다.
고린도전서 13:10

이 순간 온전한 사람은 아무도 없습니다. 때가 되고 날
이 이르면 우리는 변화되어 있을 것입니다. 우리는 무언가가
되는 중입니다. 더 나아질 수도 있고 더 못해질 수도 있습니
다. 이 순간 우리 각자 안에 무수한 화학적·전기적 상호작용
이 일어나고 있습니다. 복잡한 도덕적 결정과 영적 거래가 이
루어지고 있습니다. 나는 무엇이 되고 있습니까? 더 나아지고
있습니까, 더 못해지고 있습니까?

공동체에 속한 우리

얼마나 멋진가, 얼마나 아름다운가,
형제자매들이 어울려 지내는 모습!
시편 133:1

성경과 교회가 시종일관 말하고 보여 온 사실을 이 시는
노래로 바꾸었습니다. 공동체의 필수성입니다. 독불장군 그
리스도인은 성경에 없습니다. 믿음의 사람들은 언제나 공동
체의 구성원이었습니다. 창조 자체도 공동체가 생기고서야
완성되었습니다. 아담 곁에 하와가 있고서야 인류는 온전해
졌습니다. 하나님은 고립된 개인들과 일하시지 않습니다. 그
분은 언제나 공동체에 속한 사람들과 함께 일하십니다.

방향과 목표

/
7

자유롭게 살되, 하나님의 영이 이끌고
북돋아 주시는 대로 사십시오.
그러면 여러분은 이기심이라는 욕망에
휘둘리지 않게 될 것입니다.
갈라디아서 5:16

그리스도교 안에서 우리는 건강한 가치관을 얻습니다. 사람이 재산보다 중요함을 깨닫습니다. 용서가 재산보다 나음을 배웁니다. 용서가 복수보다 나음을 배웁니다. 하나님을 예배하는 것이 사람들한테 잘 보이는 것보다 중요함을 깨닫습니다.

가치관이 없다면 우리 삶은 '헛됩니다.' 가치관을 잃으면 우리는 모든 유혹과 꾐에 놀아날 수밖에 없습니다. 내 돈과 에너지와 시간을 아무 데나 내줄 수밖에 없습니다. 가치관은 삶에 꾸준한 방향 감각과 목표 의식을 심어 줍니다.

권태를 모르는 하나님

절대적으로 그 무엇도,
우리를 하나님의 사랑에서 떼어 놓을 수 없습니다.
로마서 8:39

질병이 닥치고 불안이 엄습하고 갈등이 대인 관계를 들쑤실 때 우리가 범할 수 있는 중대한 실수는 딱 하나입니다. 하나님이 내 치다꺼리에 권태를 느껴 좀 더 신바람 나는 신자한테로 관심을 옮기셨다고 단정 짓는 것입니다. 하나님이 내 들쭉날쭉한 순종에 질려 당분간 나를 혼자 내버려 두기로 하셨다고 단정 짓는 것입니다. 하나님이 중동 지역의 예언 성취로 너무 바빠서 자업자득인 내 복잡한 실타래를 푸실 시간이 없다고 단정 짓는 것입니다. 이것이야말로 우리가 범할 수 있는 유일한 중대한 실수입니다.

여호와는 크니이다!

높이 계신 여호와의 능력은 많은 물소리와
바다의 큰 파도보다 크니이다.

시편 93:4, 개역개정

하나님이 주권자가 아니라면 정녕 저는 혼돈 속에 사는
것입니다. 무작위와 우연이 우주를 지배합니다. 반면에 하나
님이 통치하신다면 거기에는 근원적 질서가 있습니다. 어떤
우연도 순전한 우연이 아닙니다. 어떤 혼돈도 최후 상태가 아
닙니다. 내가 그밖의 아무리 많은 의지와 권세와 영향력 아래
산다 해도, 처음이자 나중이며 근본이자 궁극이신 한분이 존
재합니다. "높이 계신 여호와는 크니이다."

하나님의 귀한 선물

하나님은 위대하시니,
찬양을 아무리 드려도 부족하신 분.

시편 145:3

우리는 인생이 귀한 선물이라고 믿습니다. 삶의 모든 부
분은 하나님이 설계하신 것이기에 의미가 있다고 믿습니다.
삶의 모든 부분은 하나님이 복 주신 것이기에 마땅히 누려야
한다고 믿습니다. 삶의 모든 부분은 하나님이 동행하시기에
형통할 수 있다고 믿습니다.

우리는 하나님을 벗어날 수 없습니다. 우리 쪽에서 좋든
싫든, 알든 모르든, 그분은 곁에 계십니다. 우리는 하나님과
손잡기를 거부할 수 있습니다. 우리는 마치 하나님이 설계자,
공급자, 언약의 임재^{covenant presence}가 아닌 것처럼 행동할 수 있습
니다. 그러나 그분을 거부할 때 우리는 더 못해집니다. 인간됨
의 본질이 더 못해집니다. 우리 삶은 오그라들고 초라해집니다.

선과 기쁨

내가 여러분에게 전한 이 위대한 메시지는
그저 인간의 낙관론이 아닙니다.……
나는 그 메시지를 예수 그리스도께로부터 직접 받았습니다.

갈라디아서 1:11-12

바울은 하나님 자신과 인격적 관계를 맺었습니다. 더 이상 간접적인 소문이 아니라 직접적인 믿음이었습니다. 그는 하나님이 여태까지 자신이 들었던 내용과 전혀 다른 분임을 금세 깨달았습니다. 그것은 다 거짓말이었습니다. 알고 보니 하나님은 우리를 대적하시는 분이 아니라 우리를 위하시는 분이었습니다. 노발대발하시는 분이 아니라 불쌍히 여기시는 분이었습니다. 죄인들을 데려다 착하고 안쓰럽게 만드시는 분이 아니라 죄인들을 데려다 선과 기쁨을 주시는 분이었습니다. 바울에게 하나님에 관한 이 진리는 그 아들 예수 그리스도의 인격을 통해 왔습니다.

온전한 삶

신중하고도 모범적인 삶, 예수께서 자랑스러워하실 삶을 사십시오.
그것은 영혼의 열매를 풍성히 맺고,
예수 그리스도를 매력적인 분으로 만들며,
모든 이들로 하여금 하나님께 영광과 찬송을
돌려드리도록 하는 삶입니다.

빌립보서 1:11

기독교의 영성이란 복음 안에서 살아가는 성숙하고 온전한 삶입니다. 삶의 모든 요소―자녀, 배우자, 일, 날씨, 재산, 관계―를 믿음의 행위로 경험하는 것입니다. 하나님은 우리 삶의 모든 소재를 원하십니다.

언제나 하나님은 내가 알기 전부터 뭔가를 하고 계십니다. 그것이 이 영성의 전제입니다. 그러므로 우리가 할 일은 내가 필요하다고 생각되는 일을 하나님께 시키는 것이 아니라, 하나님이 이미 하고 계신 일을 깨닫는 것입니다. 그래야 거기에 반응하고 동참하여 기쁨을 누릴 수 있습니다.

기도의 이유

하나님, 나의 부르짖음이 곧장 주님 앞에 이르게 하소서.
시편 119:170

시편은 자신을 이해하려 한 사람들의 기도가 아닙니다. 생의 의미를 찾는 사람들의 기록도 아닙니다. 시편은 하나님이 나의 전부임을 깨달은 자들의 기도입니다. 중심은 그들의 감정이 아니라 하나님입니다. 관건은 그들의 영혼이 아니라 하나님입니다. 골자는 생의 의미가 아니라 하나님입니다.

감정과 영혼과 의미도 빠지지 않고 분명히 등장하지만, 그것이 기도의 이유는 아닙니다. 인간의 경험은 기도를 자아낼지 모르나 기도가 기도 되게 하지는 못합니다.

우리 말이 아니라 하나님 말씀

그가 말씀하시매 이루어졌으며 명령하시매 견고히 섰도다.

시편 33:9, 개역개정

하나님의 말씀은 우리가 처한 현실 전체를 구성합니다. 우리가 보고 느끼고 대하는 모든 것의 기원은 그분의 말씀입니다. 바다와 하늘, 물고기와 새, 무화과와 당근. 만물은 말씀으로 생겨났습니다. 그야말로 만물입니다. 창조 사역 못지않게 구원 사역의 기초도 말씀입니다. 우리 바깥의 모든 것이 하나님의 말씀에 기원을 두듯, 우리 내면의 모든 것도 마찬가지입니다.

어디를 보든 어디를 파든 어디를 듣든 우리는 말씀을 만납니다. 우리의 말이 아니라 하나님의 말씀입니다.

사랑이란 결단이다

사랑은 그분의 계명을 따라 사는 것입니다.
그분의 계명을 하나로 줄여 말하면 이렇습니다.
"사랑 안에서 삶을 경영하라."
이것은 여러분이 처음부터 들은 것입니다.
변한 것은 하나도 없습니다.

요한이서 1:6

아가페 사랑은 근본적으로 감정이나 경험이나 필요가 아니라 결단입니다. 사랑은 상대가 잘되기를 바랍니다. 하나님이 그분의 백성에게 보이신 사랑입니다. 사랑은 필요를 악용하거나 선물을 요구하지 않습니다. 다만 상대에게 있는 것을 누리고 내게 있는 것을 나누려 합니다. 예수님의 모든 언행에 나타난 사랑입니다.

그분의 사랑으로 사람들은 마음껏 나다워질 수 있었습니다. 그분 없이는 경험하지 못한 일입니다. 그 사랑을 받은 자들은 하나님께 사랑으로 반응할 수 있었습니다. 예속이나 의무감에서는 그런 사랑이 나올 수 없습니다.

하나님을 지향하는 삶

내가 부르짖자 주께서 나서시고.

시편 138:3

성경 인물들 하면 우선 강하게 떠오르는 인상은, 그들이 싱거울 정도로 범속하다는 것입니다. 아브라함은 거짓말을 했습니다. 야곱은 사기를 쳤습니다. 모세는 살인했고 불평했습니다. 다윗은 간음했습니다. 베드로는 주님을 모독했습니다.

그러나 성경에서 만나는 사람들의 놀라운 점은 따로 있습니다. 그들은 치열하게 하나님을 지향하며 삽니다. 그들의 삶은 세세한 것 하나까지 모두 하나님께 받은 말씀과 하나님의 일하심 속에 철저히 젖어 듭니다. 하나님의 언행에 의식적으로 동참한 그들이야말로, 가장 인간적이고 가장 살아 있는 자들입니다.

회의와 믿음

하나님과 바른 관계를 맺고 사는 사람은,
하나님께서 마련해 주시는 일을 받아들임으로써
그런 삶을 살아갑니다.
갈라디아서 3:11

여기 복음의 선포가 있습니다. 복음은 우리를 현실과 이어 줍니다. 그것도 현실의 일부가 아닌 전부입니다. 복음은 우리를 창조주 하나님과 이어 주고, 그분이 창조하신 사람들 그리고 세상과 이어 줍니다. 복음은 우리를 구속자 예수님과 이어 주고 그분이 사랑하시는 사람들과 이어 줍니다. 복음은 우리를 내 희망과 절망의 감정, 회의와 믿음의 생각, 덕과 악의 행위와 이어 줍니다. 복음으로 우리는 보이는 것과 보이지 않는 것, 옳고 그른 것, 선과 악, 그야말로 모든 것과 이어집니다. 복음은 우리를 현실과 이어 준 뒤 성숙한 삶의 길로 단련시킵니다.

우리가 바라는 것은 긍휼

우리, 한시도 눈을 떼지 않고 숨죽여 기다립니다.
주님의 자비의 말씀을 기다립니다.

시편 123:2

　믿음으로 하나님을 바라면 어떻게 됩니까? 하나님께는 우리가 절대 다 알 수 없는 장엄한 신비가 있습니다. 우리는 하나님을 정의할 수 없고 틀에 가둘 수 없습니다. 하지만 그렇다고 하나님을 전혀 모른다는 말은 아닙니다. 무엇을 바랄지 막막하고 그분이 어떻게 나올지 몰라 늘 불안하고 초조한 우리가 아닙니다.

　우리는 그분께 무엇을 바라야 할지 잘 압니다. 우리가 바라는 것은 그분의 긍휼입니다.

일편단심의 기도

하나님은 오직 한분이시니,
그분 말씀하실 때까지 기다리리라.
시편 62:1

하나님은 여럿 중 하나가 아닙니다. 기도할 때 우리는 눈 가리고 아웅하지 않습니다. 기도란 쓸 만한 최후의 보루를 알아보는 행위가 아닙니다. 당연히 우리는 다른 방도도 다 강구하고 싶습니다. 그래서 편지도 쓰고 전화도 걸고 실력가도 찾아가고 면담도 청합니다. 누가 언제 도움이 될지 모르는 일입니다. 물론 우리는 하나님도 챙겨 둡니다. 하지만 기도는 아닙니다. 해봐도 잘 안 됩니다.

기도란 배타적입니다. 기도는 집중입니다. 반은 꿍꿍이속을 품고 반은 하나님께 곁눈질하며 기도할 수는 없습니다. 기도는 영혼에 일편단심을 가르칩니다. 오직 하나님께만 집중하게 합니다.

힘찬 찬송의 출처

주님의 나라는 영원한 나라,
주님의 통치는 중단되는 일이 없습니다.
시편 145:13

다윗은 필요한 것을 하나님께 구하는 데 선수였습니다.
그는 당찬 말로 떳떳이 구했습니다. 도움, 피난처, 치유, 구원,
건짐, 용서, 긍휼, 성령을 구했습니다. 다윗은 놀랍도록 힘찬
찬송도 드렸으나 그 모든 찬송은 이토록 애타게 구하는 삶에
서 캐낸 것입니다.

기도는 이야기다

그러나 그리스도께서는 십자가에서 자기를 완전히 내어주시고,
실제로 여러분을 위해 죽으셨습니다.
그리스도께서 여러분을 하나님께 데려가셔서,
여러분의 삶을 회복시켜 하나님 앞에
온전하고 거룩하게 하셨습니다.
골로새서 1:22

모든 인생은 갈등과 실패와 두려움, 사랑과 배반, 상실과 구원으로 가득 차 있습니다. 하루하루는 하나의 이야기입니다. 아침과 저녁을 기승전결의 기점으로 삼아 사람들은 크고 작은 목표의 업무를 보고, 전쟁터에 나가고, 성관계를 맺고, 생활비를 벌고, 계획하고, 죄짓고, 믿습니다. 모두 연결되어 있습니다. 의미는 어디에나 있습니다. 하루하루가 더해져 인생이 됩니다. 인생이란 하나의 이야기입니다.

모든 기도는 이야기의 등장인물이 아뢰는 이야기입니다. 기도란 이야기를 살아가는 자들의 고백입니다.

하나님의 속마음

주님의 인생 교과서를 물려받았으니,

그것은 영원토록 내 것!

시편 119:111

성경이 없다면 하나님과 피조물의 관계는 어림짐작일 뿐입니다. 하나님의 속마음에 대한 기대도 추측일 뿐이고 하나님의 성품과 일하시는 방식도 짐작과 억측일 뿐입니다. 그러나 성경 속에서 우리는 구원과 섭리와 축복의 행위를 봅니다.

하나님의 말씀으로 피조물이 생겨나고 인간이 존재합니다. 우리는 죄의 심연에 다리를 놓아 화평을 이루시는 하나님을 봅니다. 고집스레 반항하는 인간들을 끝까지 훈계하고 양육하시는 하나님, 그리하여 우리로 사랑을 맛보고 사랑에 자라게 하시는 하나님을 봅니다. 종의 형체를 입고 인간 역사 속에 들어오신 하나님, 우리 안에 구원을 이루시고 값없이 누리게 하시는 하나님을 봅니다.

자유로운 선택

나를 너그럽게 대해 주소서.

내가 충실한 삶을 살며

주님의 길에서 잠시도 눈을 떼지 않겠습니다.

시편 119:17

그리스도인은 결정론자가 아닙니다. 우리는 환경으로 인간이 그리스도인 된다고 믿지 않습니다. 유산으로 인간이 의로워진다고 믿지 않습니다. 훈련으로 인간이 덕스러워질 수 있다고 믿지 않습니다. 세례로 신앙인이 될 수 있다고 믿지 않습니다. 모든 인간은 자신의 결정으로 하나님을 받아들일 수도 있고 배척할 수도 있습니다. 이것이 기독교 신학의 입장입니다.

모든 인생은 그런 결정들의 누적입니다. 아무도 남을 대신해 옳은 길을 택할 수 없습니다. 선택은 자유입니다. 결단은 열려 있습니다. 배경이나 성장 과정과 무관하게 누구나 어느 쪽이든 선택할 수 있습니다. "사람이 많음이여, 심판의 골짜기에 사람이 많음이여."요 3:14

믿음의 길

오직 예수만 바라보십시오.
그분은 우리가 참여한 이 경주를 시작하고
완주하신 분이십니다.

히브리서 12:2

산악인들은 위험한 곳을 오를 때면 밧줄로 서로 묶습니다. 간혹 하나가 실족하여 넘어져 낙오합니다. 그러나 모두 한꺼번에 넘어지지는 않습니다. 그래서 아직 기운이 있는 자들이 낙오자를 붙들어 완전히 뒤처지지 않게 합니다. 물론 어느 등반팀에든 베테랑 선봉장이 있게 마련입니다. 히브리서는 그 선봉장이 "우리가 참여한 이 경주를 시작하고 완주하신" 예수라고 말합니다.

민음의 길을 걸으며 그리스도를 향해 오르막길을 가려면 힘들 수 있지만 염려할 일은 아닙니다. 날씨가 사나울 수 있지만 치명적이지는 않습니다. 우리는 미끄러져 비틀비틀 넘어질 수 있지만 밧줄이 우리를 붙들어 줍니다.

하나님의 약속

이는 내가 내 말을 지켜 그대로 이루려 함이라 하시니라.

예레미야 1:12, 개역개정

살구나무는 팔레스타인에서 가장 먼저 개화하는 나무 중 하나입니다. 잎사귀가 나오기 전에 눈송이같이 흰 꽃이 먼저 핍니다. 겨울의 냉기가 채 가시지 않은 대지에 돌보는 이 없이 저절로 피어나는 따뜻한 꽃은 봄의 약속으로 우리를 놀라게 합니다. 해마다 봄이면 같은 일이 되풀이됩니다.

꽃 자체도 즐거움입니다. 향기도 아름답습니다. 그러나 그 이상이 있습니다. 기대와 약속입니다. 말씀처럼, 하나님 말씀처럼, 꽃은 성취로 이어지는 약속입니다. 하나님은 말씀대로 하십니다.

다양성을 자랑함

너희는 유대인이나 헬라인이나 종이나 자유인이나
남자나 여자나 다 그리스도 예수 안에서 하나이니라.

갈라디아서 3:28, 개역개정

한집 아이들이라도 다 다릅니다. 체구도 다르고 건강 상
태도 다르고 기질도 다릅니다. 부모는 아이마다 다르게 대합
니다. 그러나 어느 아이를 대하든 사랑과 지혜는 똑같습니다.
이상적으로 우리는 자녀를 편애하지 않습니다(단 우리는 늘 이
상적이지는 못합니다). 이상적으로 하나님은 자녀를 편애하시지
않습니다(그분은 항상 이상적이십니다).

그것을 깨달을 때 자유가 옵니다! 이제 사람들은 더 이
상 내 안전을 위협하는 존재가 아닙니다. 인정받고 사랑받을
내 기회를 빼앗으려는 자들이 아닙니다. 우리는 상을 놓고 다
투는 라이벌이 아니라, 같은 생명을 공유한 자들이며 한집의
형제자매들입니다. 우리는 다양성을 수용할 뿐 아니라 마음
껏 자랑합니다.

실패와 믿음

기꺼이 베푸시고 용서하시는 하나님의 은혜가
이제 밝히 드러났습니다.
구원의 길이 누구에게나 열렸습니다!

디도서 2:11

　　많은 유대인들과 그리스도인들이 상상 속에 새겨 온 것
을 미켈란젤로는 대리석에 새겼습니다. 흠 없는 다윗, 강하고
완벽한 인간입니다. 그러나 성경이 보여주는 다윗은 흠 없는
사람이 아닙니다. 사람을 좌대에 올려놓으면 그 사람의 참모
습을 대하지 않게 됩니다. 그러다 보면 그 사람 안에서 일하시
는 하나님의 참모습마저 놓칩니다.

　　성경 기자는 다윗의 모든 결점을 기어이 밝힙니다. 그는
다윗을 이상화하거나 미화하지 않습니다. 그리하여 실패와
죄로 뒤범벅된 사람을 통해 일하시는 하나님의 주권을 보여
줍니다.

사랑할 자유

우리가 하나님 말씀에 대해 아는 모든 것을 한 문장으로 요약하면,
"네 자신을 사랑하듯이 다른 사람을 사랑하라"는 것입니다.
이것이야말로 참된 자유의 행위입니다.

갈라디아서 5:13-14

모든 사람은 하나님의 사람입니다. 하나님의 자녀로 그
분 앞에 서 있고, 형제나 자매로 내 앞에 서 있습니다. 윌리엄
로는 말했습니다. "모든 인간은 하나님 사랑의 귀한 사례다.
그러므로 모든 인간이 당신 사랑의 사례가 되게 하라."

이 사람은 방햇거리나 위협이나 모욕으로 내 앞에 서 있
는 것이 아닙니다. 사람을 하나님과 관련지어 볼 줄 모른다면
나는 사랑할 자유가 없습니다. 나는 방햇거리인 그를 제거하
려 하거나, 아니면 내 뜻을 관철시키고자 그를 이용하려 할 것
입니다. 어떻게 하든 자유를 잃기는 마찬가지입니다.

기억하고 받는 시간

또 잔을 가지사……이르시되 이것은 많은 사람을 위하여
흘리는 나의 피 곧 언약의 피니라.
마가복음 14:23-24, 개역개정

    예수님은 우리 죄를 사하시려 십자가에서 대신 피 흘려
죽으셨습니다. 성찬 식사는 그리스도인들이 그 구원의 의미
를 기억하고 받고 나누는 기본적인 방식입니다. 이렇게 우리
는 자신의 구원 사건을 인정합니다.

    구원의 다차원적인 실체는, 우리가 찾아내야 할 진리를
통해 지켜지는 것도 아니고, 우리가 해내야 할 윤리적인 행위
를 통해 지켜지는 것도 아닙니다. 그것은 우리가 먹는 식사를
통해 지켜집니다. 교리는 아무나 이해할 수 없고 계율은 아무
나 순종할 수 없습니다. 그러나 빵 조각을 먹고 포도주를 마시
며 "이것은 내 몸이요 내 피"라는 단순한 말을 알아듣는 일은
누구나 할 수 있습니다.

가능성의 차원에서

생각하건대 현재의 고난은
장차 우리에게 나타날 영광과 비교할 수 없도다.
로마서 8:18, 개역개정

인간의 최초의 모습은 성경에 몇 페이지 나오지 않습니다. 나머지는 전부 우리 안에 미래의 맛을 심어 주는 내용입니다. 우리는 하나의 이야기에 잠깁니다. 언제나 미래가 현재를 침범하는 이야기입니다.

미래는 우리 기분에 따라 공상이나 공포로 채워지는 백지가 아니라, 우리가 기다림 끝에 받는 빛의 근원입니다. 우리 삶은 아직 끝나지 않았습니다. 과거와 현재를 훌쩍 뛰어넘어 약속과 예언의 세계에 이르는 삶, 그 삶이 우리 기도로 표출됩니다. 기도할 때 우리의 자아상은 더 이상 내 현재나 과거의 모습에 국한되지 않습니다. 우리는 장차 실현될 가능성의 차원에서 자신을 봅니다.

하나님이 지배하시는 곳

보라 내가 새 일을 행하리니 이제 나타낼 것이라.
너희가 그것을 알지 못하겠느냐.
반드시 내가 광야에 길을 사막에 강을 내리니.

이사야 43:19, 개역개정

복음의 메시지는 말합니다. "네가 사는 곳은 필요성이 지배하는 기계적인 세상이 아니다. 네가 사는 곳은 우연이 지배하는 임의적인 세상이 아니다. 네가 사는 세상은 출애굽과 부활절의 하나님이 지배하시는 곳이다. 그분은 너나 네 친구들이 감히 상상도 못했던 일을 네 안에 행하실 것이다. 그분은 네가 아는 그분 모습에 제한되지 않으며, 네 무지나 절망의 쪼그라든 상자에 갇히지 않는다." 이사야의 말처럼 "내가 새 일을 행하리니."

2

우리가 기도할 때
일하시는 분은
우리가 아니라
하나님이십니다

들어 주시는 분

내가 그들 안으로 들어가 그들 가운데서 살겠다.
나는 그들의 하나님이 되고, 그들은 내 백성이 될 것이다.
고린도후서 6:16

사랑에 빠진 이들은 흔히 새 관계를 이런 말로 표현합니다. "난생처음 내 느낌과 생각을 모두 말할 수 있게 됐습니다." 그들이 단어 공부로 어휘력을 높였거나 웅변 학원을 다녔기 때문이 아닙니다. 들어 주는 사람을 만났기 때문입니다. 참된 발언은 참된 경청이 있을 때 가능해집니다. 듣는 이가 없다면 말해 봐야 무슨 소용입니까?

하나님은 들으십니다. 우리의 모든 말, 신음소리, 중얼거림, 더듬더듬 입을 떼는 기도를 그분은 다 들으십니다.

우리는 들어 주시는 분이 있습니다. 그래서 존엄성을 깨닫습니다. 희망을 얻습니다.

하나님은 인생의 중심

책을 펼쳐 보시듯, 주께서는 내가 잉태되고 태어나기까지
내 자라는 모습을 지켜보셨습니다.
내 생의 모든 시기가 주님 앞에 펼쳐졌습니다.
태어나 하루를 살기도 전에,
이미 내 삶의 모든 날들이 예비되어 있었습니다.

시편 139:16

어떤 아이도 그냥 아이가 아닙니다. 모든 아이는 하나님의 피조물입니다. 그분은 그 아이 안에서 영광스럽고 위대한 일을 하려 하십니다. 유전자의 산물에 지나지 않는 사람은 없습니다. 현재와 미래의 우리 모습은 하나님의 속성과 행위와 맞물려 있습니다.

인생은 풀어야 할 퍼즐이 아닙니다. 우리는 하나님께 갑니다. 그분은 우리를 아시며 삶의 진리를 계시하십니다. 하나님으로 출발하지 않고 나에게서 출발하는 것, 그것이 근본적 과오입니다. 하나님은 모든 인생이 풀리는 중심입니다.

하나님의 통치

하나님께서 모든 악에서 너를 지키시고
네 생명을 지키신다.
시편 121:7

그리스도인들은 다른 사람들과 똑같은 땅을 걷고 똑같은 공기로 숨쉬고 똑같은 물을 마시고 똑같은 가게에서 사고 똑같은 신문을 읽고 똑같은 정부의 시민이고 똑같은 식료품 값과 기름값을 내고 똑같은 위험을 우려하고 똑같은 압박을 당하고 똑같은 고통을 겪고 똑같은 땅에 묻힙니다.

차이가 있다면, 우리의 모든 걸음과 모든 호흡이 하나님의 통치 아래 있음을 우리가 안다는 것입니다. 그러므로 어떤 의심과 어떤 사고가 닥쳐도 주께서 모든 환난에서 우리를 지키십니다. 주께서 우리 영혼을 지키십니다.

설계와 질서

그러면 여러분도 모르는 사이에,
하나님의 온전하심에 대한 감각,
곧 모든 것이 협력하여 선을 이루게 된다는 믿음이 생겨나서
여러분의 마음을 안정시켜 줄 것입니다.

빌립보서 4:7

격주로 모이는 어떤 단체가 있어, 멤버마다 특정 이익 집단의 뇌물 공세에 놀아나고 일가친지에게 특혜를 베푼다 합시다. 삶이란 그런 단체가 제멋대로 좌지우지할 사안이 아닙니다. 세상에는 설계와 질서가 있습니다. 나는 계획할 수 있고 소망할 수 있고 믿을 수 있습니다. 이 세상의 혼란과 전쟁이 역사를 흔드는 것 같지만, 그것 또한 그보다 큰 하나님의 원칙과 평화에 구속받습니다.

이야기의 힘

내가 이야기로 말하는 것은 그런 이유에서다.
마음을 준비시키고, 마음을 열어 깨닫도록
주의를 환기시키려는 것이다.
현재 상태로는 그들은 세상 끝날까지 쳐다보아도 보지 못하고,
지칠 때까지 들어도 깨닫지 못한다.

마태복음 13:13

성경의 이야기는 하나님의 계시가 주어지는 기본 방식입니다. 모세도 이야기를 했고 예수님도 이야기를 하셨습니다. 사복음서 기자들은 기쁜 소식을 이야기 형태로 제시합니다.

이야기가 이토록 기초가 되는 까닭은 삶 자체가 시작과 끝, 줄거리와 등장인물, 갈등과 해결 등 이야기의 형태를 띠고 있기 때문입니다. 삶이란 사랑과 진리, 죄와 구원 같은 추상적 개념의 총합이 아닙니다. 삶이란 이름과 지문指紋, 번지수, 저녁 식탁의 어린양 등 이야기의 세부를 알아 가는 것입니다. 이야기의 세부는 전부 연결됩니다. 하나님은 이야기로 우리에게 당신을 계시하십니다. 우리가 자녀에게, 네가 누구이며 어떻게 한 인간으로 자라 갈 것인지 이야기로 말해 주는 것과 같습니다.

놀라운 기쁜 소식

너는 기쁜 소식을 전하는 자다.
……크고 분명한 소리로 전하여라. 소심하게 굴지 마라!
이사야 40:9

아름다운 소식. 기쁜 소식. 복음.

복음은 보통 기쁜 소식이 아닙니다. 월급이 올랐다거나 학교 성적이 잘 나왔다거나 내가 좋아하는 스포츠팀이 이겼다거나 국제 문제에 반가운 해결책이 나왔다는 그런 기쁜 소식이 아닙니다. 복음은 하나님이 사랑으로 우리 구원의 길을 여셨다는 예기치 못한 새롭고 놀라운 기쁜 소식입니다. 사랑과 구원은 그야말로 만물의 중심이며, 모든 삶은 그 중심에서 영위됩니다. 힘들 때 우리는 희망과 용기와 격려의 말로 서로 세워 주고 응원하지만, 복음은 그런 말과 차원이 다릅니다. 이는 하나님에 대한 기쁜 소식입니다.

하나님에 대한 교리

하나님께 감사하여라.

놀라운 사랑 베푸시고 사랑하는 자녀에게

기적 같은 자비를 베푸셨다.

시편 107:31

하나님을 안다는 것은 불가능한 일입니다. "하나님" 하고 부르기만 해도 인간은 신비 속에 빠집니다. 그렇다고 우리가 앞뒤 분간도 안 되는 암흑 속에 있는 것은 아닙니다. 적어도 히브리인들은 그렇지 않았습니다. 그 뒤를 잇는, 기도하는 우리 그리스도인들도 그렇지 않습니다.

그들은 하나님을 훤히 알지는 못했으나 몇 가지는 분명히 알았습니다. 그들에게는 하나님에 대한 교리가 있었습니다. 어떤 내용은 사실입니다. 하나님은 아담을 창조하셨고, 아브라함과 언약을 맺으셨고, 출애굽으로 구원하셨고, 모세를 통해 계명을 주셨습니다. 어떤 내용은 사실이 아닙니다. 하나님은 변덕스럽지 않고 파괴적이지 않고 무관심하지 않습니다.

넓은 곳

내가 고통 중에 여호와께 부르짖었더니
여호와께서 응답하시고 나를 넓은 곳에 세우셨도다.

시편 118:5, 개역개정

구원이란 다시 온전해진다는 뜻입니다. 위험에서 건짐
받는다는 뜻입니다. 히브리어 어원을 보면, 악이 아무리 바짝
우리를 에워싸도 하나님이 운신의 폭을 훤히 터주신다는 뜻
입니다. "내가 고통 중에 여호와께 부르짖었더니 여호와께서
응답하시고 나를 넓은 곳에 세우셨도다."

밤의 신비

이 몸, 두 다리 쭉 뻗고 누워 한숨 푹 자고 일어납니다.
푹 쉬었다가 씩씩하게 일어[납니다.]
시편 3:5

하루는 하나님 창조 사역의 기본 단위입니다. 밤은 하루의 시작입니다. 하나님 말씀으로 빛과 별과 땅이 생겨난 시작점입니다. 아울러 밤은 우리가 활동을 멈추고 잠자리에 드는 시간이기도 합니다.

다시 하루가 시작되려 합니다! 하나님이 다시 창세기 말씀을 발하려 하십니다. 내가 잠자는 동안 그분은 준비하십니다. 새 날에 내 순종과 섬김과 언어를 쓰시기 위한 준비 작업입니다. 나는 당분간 길을 비키고 잠듭니다. 구원의 리듬에 나를 싣습니다.

창의력은 너저분하다

무엇이 옳은지 아는 것은 마음속 깊은 물과 같고
지혜로운 사람은 내면에서 그 샘물을 길어 올린다.
잠언 20:5

창의력은 깔끔하지 않습니다. 질서정연하지 않습니다. 창의력이 발휘되면 다음에 무슨 일이 벌어질지 모릅니다. 창의력이 발휘되면 엉뚱한 행동이 줄을 잇습니다.

화가는 캔버스 앞에서 끝없이 몸부림치지만 바른 구도는 자꾸만 어디론가 달아나고, 명암은 잡힐 듯 잡히지 않습니다. 사랑하는 이들은 결혼 생활을 창조해 나가는 고된 작업중에 싸우고 상처를 주고받고 오해하고 오해받습니다.

모든 창조 작업에는 모험과 실수가 따릅니다. 그러나 그 너저분함 속에 깊숙이 들어가 진득이 머물면, 바로 거기서 서서히 사랑과 아름다움과 평화가 나옵니다.

구원의 드라마

하나님은 우리의 근심하는 마음보다 크시며,
우리 자신보다 우리를 더 잘 아시기 때문입니다.
요한일서 3:20

예수님 안에서, 하나님 말씀은 사랑의 구주를 향해 죄인
들이 어떻게 반응하는가의 문제가 됩니다. 중요한 것은 인간
의 반응입니다. 믿음, 소망, 고백, 회개의 내면생활은 부르심
에 응할 때 생겨납니다. 하나님 앞에 바른 반응은 어디서 나
올까요? 성경은 마음이라고 말합니다. 마음은 행동의 현장입
니다.

종교는 누가 누구를 대신하여 연기하는 의식(儀式)이 아
니라, 저마다 하나님을 직접 체험하는 신앙입니다. 구원의 모
든 위대한 드라마가 연기되는 곳은 연극 무대가 아니라 인간
의 마음입니다.

삶의 내 자리

하나님을 찬양하여라!
그분의 사랑은 세상 최고의 불가사의.

시편 31:21

하나님과 함께라면 나는 제로가 아닙니다. 마이너스가 아닙니다. 나만이 채울 수 있는 자리가 있습니다. 아무도 나를 대신할 수 없습니다. 나는 누구로도 대치될 수 없습니다. 내가 아무 일에도 유익하지 않을 때 하나님은 나를 그분 일에 유익한 자로 정하셨습니다. 삶의 내 자리는 입시 성적에 달려 있지 않습니다. 삶의 내 자리는 성격의 경쟁력으로 정해지지 않습니다.

하나님은 사랑으로 세상을 얻으려 하십니다. 모든 사람은 그분과 함께 그 일을 하도록 뽑힌 자입니다.

자유

> 그리스도께서 우리를 해방시켜
> 자유로운 삶을 살게 해주셨습니다.
> 갈라디아서 5:1

제자들 중 유독 더없이 화려한 성공을 이룬 자는 유다였고, 유독 더없이 비굴한 실패를 맛본 자는 베드로였습니다. 유다의 성공은 우리를 가장 매료시킵니다. 그는 재정적으로 성공했고 정치적으로 성공했습니다. 베드로의 실패는 우리를 가장 두렵게 합니다. 그는 위기 때 무능했고 처세에 서툴렀습니다.

물론 두 사람에 대한 우리의 판단은 시간과 함께 뒤집힙니다. 이제 유다는 배신의 대명사가 되었고 베드로는 교회와 세상에서 가장 명예로운 이름 중 하나입니다. 그런데도 세상은 계속해서 유다의 성공, 곧 재정적 부와 정치적 힘을 추구하며 베드로의 실패, 곧 무능과 서투름에 대해 자신을 변명합니다. 그러나 자유를 조금이라도 배운 사람은, 유다의 성공보다 베드로의 실패를 택합니다.

토기장이 하나님

이 토기장이를 잘 보아라.
나는 그가 자기 진흙을 다루는 방식으로
너희 이스라엘 백성을 다룬다.

예레미야 18:6

　　하나님은 우리에게 좋은 것을 주려 하시며 우리 안에 당신 뜻을 이루십니다. 이것이 그리스도인의 기본적인 확신입니다. 그분은 우리를 우리의 공과功過에 따라 대하시지 않고 당신의 계획에 따라 대하십니다. 그분은 우주를 감시하다 혹 우리가 까불면 곤봉을 휘두르고, 우리가 날뛰면 감옥에 넣으시는 순찰 경찰관이 아닙니다. 그분은 진흙 같은 우리 삶으로 작업하시는 토기장이입니다. 마침내 구속된 삶, 그 나라에 합당한 그릇이 나올 때까지 그분은 우리를 빚고 또 빚으십니다.

기다리는 내 영혼

나의 영혼아 잠잠히 하나님만 바라라.

무릇 나의 소망이 그로부터 나오는도다.

시편 62:5, 개역개정

내 영혼은 잠잠히 바라고 기다립니다. 내 뜻보다 크고 지혜롭고 해박한 뜻이 있습니다. 그래서 나는 기다립니다. 기다림이란 내가 믿는 분이 따로 있다는 뜻입니다. 나는 그분께 받습니다. 내 뜻도 중요하고 필요하겠지만, 나는 그보다 더 중요하고 요긴한 뜻을 찾습니다.

기도를 시작할 때는 하나님 뜻을 움직이려 합니다. 기도를 마칠 때는 그분 뜻이 나를 움직이게 나를 맡깁니다. 기다리는 기도는 하나님보다 앞서 행하지 않는 훈련입니다.

우리는 하나님이 필요하다

16

하나님께 너희 소망을 두어라.
참행복을 알게 되리라!

시편 146:5

　　우리는 항상 뭔가 필요하거나 부족함을 느낍니다. 우리
는 완전하지 않은 존재입니다. 인간의 온전한 모습이 아닙니
다. 뭔가 되다 만 듯한 이 느낌은 늘 우리를 따라다닙니다. 이
는 다분히 인간만의 감정이기도 합니다. 그래서 우리는 자신
을 완성해 보려고 교육을 더 받고 돈을 더 벌고 다른 곳에 가
고 다른 옷을 사고 새로운 경험을 추구합니다. 기독교 복음은
이 모든 미완의 전후좌우에 하나님이 계시다고 말합니다. 우
리에게 필요한 분은 하나님입니다. 하나님께 대한 굶주림과
하나님께 대한 목마름이야말로 우리 속의 가장 강한 욕구입
니다. 섹스, 권력, 안전, 명예에 대한 욕구를 다 합한 것보다도
그것은 훨씬 강합니다.

완전한 하나님, 완전한 인간

번개가 동편에서 나서 서편까지 번쩍임같이

인자의 임함도 그러하리라.

마태복음 24:27, 개역개정

인자^{人子}란 예수님의 의도적인 이중 선언입니다. 사실 그분은 "권세와 영광과 나라를 받은" 인자이자, 동시에 세상의 보통 일상에 아주 편하셨던 분입니다. 그분은 조금도 어느 한쪽으로 기울지 않았습니다. 그분은 완전한 하나님이자 완전한 인간이셨습니다.

그분의 제자로 살기로 작정한 이들에게 믿음의 과제는, 인자라는 호칭의 문자적 진리를 바로 그런 의미로 수용하는 것입니다. 내 모든 언행이 하나님 나라의 영광스런 통치 아래 있음을 믿으면서, 동시에 십자가를 지고 자기를 부인하며 고난과 죽음까지도 수용하는 것입니다.

예수님이 계시하신 삶

그분은 종의 몸으로 우리의 죄를 지시고 십자가에 달리셨습니다.
그것은 우리로 하여금 죄에서 벗어나
옳은 길을 따라 살게 하시려는 것이었습니다.

베드로전서 2:24

삶이란 하나님이 예수님 안에서 우리에게 주시는 것들, 곧 은혜, 치유, 용서, 악에서 건지심, 기적의 식사, 하나님의 인격적인 임재와 말씀입니다. 제자들에게 있어 예수님과 함께 보낸 '성장의 세월'은 그 사실을 철두철미하고 정확하게 깨우친 시간이었습니다. 그들은 삶이 무엇이며 무엇이 삶이 아닌지를 배웠습니다. 삶이란 내 힘으로 나를 키우고 나를 지키고 나를 떠받드는 것이 아닙니다.

삶이란 곧 예수님이 십자가에서 대낮같이 환히 계시하신 삶입니다. 희생의 삶, 넘치도록 후히 사랑하는 삶, 자원하는 희생으로 자아에 죽고 세상에 부활을 주는 삶입니다.

우리는 하나님께 대답한다

하나님, 내 사정을 말씀드리니 귀 기울여 주소서.

시편 17:1

히브리어 단어로 성경을 뜻하는 미크라^{miqra}는 본래 '소리쳐 부르다', 곧 하나님이 우리를 큰소리로 부르신다는 뜻입니다. 그러려면 하나님이 '인간이 되셔야' 합니다. 단 그분은 우리도 인간 되게 하셔야 합니다. 그래야 우리가 그분께 대답할 수 있습니다. 대답할 때 우리는 자기다워집니다. 우리는 때로 홧김에 그분의 세상 운영 방식을 따질 수도 있고, 때로 감사와 신뢰로 그분 앞에 낮아질 수도 있습니다.

기도는 단지 감정의 토로가 아니라 우리의 대답입니다. 우리는 대답할 수 있습니다. 대답이 허용되었습니다. 우리가 참으로 하나님께 대답한다면 그분께 말 못할 것이 하나도 없습니다.

하나님은 기쁨을 주신다

하나님을 사랑하는 자들에게는
모든 것이 합력하여 선을 이루느니라.
로마서 8:28, 개역개정

그리스도인이 배우는 가장 흥미롭고 놀라운 사실 중 하나는, 이 세상에서 여전히 눈물은 마르지 않지만 기뻐 웃는다는 것입니다. 기독교의 기쁨은 슬픔의 비상구가 아닙니다. 고통과 고난은 여전히 오지만, 구원받은 자의 행복을 몰아낼 수 없습니다.

기쁨은 우리가 만들어 내는 것이 아니라 하나님이 주시는 것입니다. 웃음은 하나님을 사랑하는 자에게 모든 것이 합력하여 선을 이루고 있음을 아는 즐거움입니다. 넘쳐흐르는 이 기운은 나 자신이 아닌 하나님께 대한 좋은 감정에서 나옵니다.

선을 이루시는 하나님

하나님, 주께서 어떻게 일하시는지 보여주시고
주님의 길을 내게 가르쳐 주소서.

시편 25:4

악을 가볍게 보아선 안 됩니다. 직시해야 합니다. 하지만 악에 겁먹을 필요도 없습니다. 하나님은 악까지도 사용하여 선을 이루십니다. 하나님은 악인들을 사용하여 당신의 선한 뜻을 이루십니다. 복음의 가장 신기한 면 가운데 하나입니다.

신문은 성경의 각주입니다. 그 반대가 아닙니다. 그 사실을 잊는다면 우리는 결국 무서워 아침에 잠자리에서 나오지 못할 것입니다. 시간 가는 줄 모르고 신문 사설에 매달리는 사람들이 우리 중에 너무 많습니다. 정보만 얻으면 그만일 언론에서 정치, 경제, 도덕에 대한 해석까지 얻으려 하는 것입니다. 우리에게 세상의 의미를 가장 정확히 일러 주는 것은 하나님 말씀뿐입니다.

믿음과 자유로

은혜는 우리를 생명의 삶 속으로 이끌어 들입니다.
끝없는 삶, 다함없는 세상 속으로 말입니다.
로마서 5:21

우리는 실패 없는 자들이 아닙니다. 알고 보면 우리 부모들의 선한 의도도 언제나 선을 이루지는 못했습니다. 알고 보면 우리의 교사들도 언제나 정직하지는 않았고, 그래서 우리 사고 안에는 엉뚱하게 왜곡된 생각들이 들어 있습니다. 우리는 선해지고 싶고 온전해지고 싶지만, 알고 보면 그렇지 못합니다. 완성된 모습을 애타게 원하면서도 우리 마음대로 되지 않습니다.

물론 우리 마음대로 되는 일도 많습니다. 우리는 많은 제약에서 자유롭습니다. 그러나 중심은 어떻습니까? 하나님에 대해서는 어떻습니까? 거기서 우리는 믿음으로 실패를 극복합니까. 믿음으로 용서합니까. 믿음으로 긍휼을 베풉니까. 믿음으로 자유롭게 삽니까.

꼭 필요한 하나님

여호와께서 하늘에서 인생을 굽어살피사
지각이 있어 하나님을 찾는 자가 있는가 보려 하신즉.
시편 14:2, 개역개정

우리는 머리끝부터 발끝까지 하나님이 꼭 필요합니다. 하나님은 현실의 거대한 대륙이며 우리는 그 위에서 살아갑니다. 실생활에서 하나님을 부인하고 내 자아의 바다에 살려고 한다면, 우리는 금세 지칩니다. 판자 조각과 구명조끼 같은 잡다한 인공 보조 장치가 있어야만 물에 떠 있을 수 있습니다. 그것은 원래 우리의 생활 환경은 아닙니다. 우리는 허파에 물이 차서야 결국 구조되어 인공호흡을 받습니다. 그러고는 또 나가, 그 모두를 다시 되풀이합니다.

그저 단순히 자아의 바다에서 나와, 하나님 나라의 마른 땅에 두 발로 우뚝 서면 어떻겠습니까?

도덕적 대혼란

그리하면……지극히 높으신 이의 아들이 되리니
그는 은혜를 모르는 자와 악한 자에게도 인자하시니라.

누가복음 6:35, 개역개정

우리 그리스도인들이 성경을 읽으며 통달해야 할 것이
있습니다. 하나님의 주권은 그분의 영광을 위해 살도록 지음
받은, 그러나 연약하고 고집스럽고 불순종하는 남녀들의 삶
을 통해 이루어진다는 것입니다. 그들은 회개할 때도 있고 그
렇지 않을 때도 있습니다. 우리가 성경 이야기를 읽고 또 읽는
이유입니다. 그래서 성경은 우리에게 "기쁜 소식"으로 다가오
는 것입니다.

우리 시대의 도덕적 대혼란 속에서 사람들은 묻습니다.
"성경에도 뒤가 구린 사람들의 이야기가 많습니다. 그것으로
우리는 어떻게 도덕적 평정을 지킬 것입니까?" 답은 간단합니
다. "그냥 성경 속에 두면 됩니다."

더욱더 자유롭게

온 율법은 네 이웃 사랑하기를 네 자신같이 하라 하신
한 말씀에서 이루어졌나니.
갈라디아서 5:14, 개역개정

바울은 사랑으로 온 율법이 이루어졌다고 말합니다.

이루어졌다는 말은 문법적으로 완료 시제입니다. 곧 한 사람이 다른 사람을 자신처럼 사랑할 때마다 온 율법이 이미 성취됐다는 뜻입니다.

이웃을 나보다 덜 사랑한다면 그를 내 목적의 수단으로 대하는 것입니다. 이웃을 나보다 더 사랑한다면 나를 그쪽 목적의 수단으로 내놓는 것입니다. 둘 다 사랑을 침해하고 자유를 파괴하는 일입니다. 이웃 사랑의 계명은 당신의 자유 못지않게 내 자유를 보호하며, 내 자유 못지않게 당신의 자유를 보호합니다. 누구도 자유를 희생하지 않습니다. 누구도 남을 희생시키지 않습니다. 모두가 더욱더 자유로워집니다.

공예배

모두 박수 치며 환호성을 올려라!
하나님을 목청껏 찬양하여라!

시편 47:1

　　하나님 백성의 공동체는 예배로 모여, 성경과 설교와 성
례로 주시는 하나님 말씀을 듣습니다. 선포된 말씀은 믿음을
낳고, 믿음은 찬양과 순종과 헌신의 반응을 낳습니다.

　　성경적 믿음은 단 한번도 이런 공예배를 떠나 존재한 적
이 없습니다. 지속적으로 하나님과 동행하는 삶도 마찬가지
입니다. 하나님 말씀에 중심을 둔 공예배에 자주 힘써 모일
때, 하나님 백성은 자기가 생각하는 하나님으로 엉뚱한 종교
를 만들어 내지 않습니다.

큰 단어, 사랑

오 하나님, 주님의 사랑이 어찌 그리 보배로운지요!
시편 36:7

'사랑' 또는 '인애'로 좁게 번역되는 히브리어 단어 헤세드는 큰 단어입니다. 이 말을 충분히 옮겨 낼 한 단어가 영어에는 없습니다. 그래서 우리는 이 사랑의 넓은 범위와 독특함을 담아 내려고 형용사를 동원합니다. 불변의 사랑, 성실한 사랑……

성경 계시에서 헤세드는 흔히 하나님의 사랑을 가리켜 사용됩니다. 그러나 하나님의 형상대로 지음 받은 우리 인간도 그렇게 사랑할 수 있습니다. 다만 우리가 그 사랑에 능해지는 경우가 드물 뿐입니다. 헤세드는 환경, 호르몬, 기분 상태, 개인적인 편의 따위의 변화와 무관한 사랑입니다.

분별의 은혜

정신을 바짝 차리고 기도하십시오.

베드로전서 4:7

감정은 현실이며 중요합니다. 그러나 그것은 손톱과 코가 중요한 것과 같은 이치입니다. 손톱과 코 없이 살 마음은 없겠으나(그래야만 한다면 할 수 없지만) 그 길이와 모양과 색깔은 하나님과 동행하는 삶에 대해 아무것도 말해 주지 않습니다.

하나님과 동행하는 삶의 본질과 특성에 대한 신빙성 있는 증거가, 행여 감정에서 나온다고 생각하면 오산입니다. 감정은 놀랍고 아름답고 꼭 필요합니다. 감정은 하나님의 형상대로 아주 복잡하게 지음 받은 인간의 일면입니다. 우리는 감정을 존중하고 가꾸고 나눠야 합니다. 그러나 감정은 기도가 아닙니다. 영성 스승들이 하나같이 조심스레 가르치는 것처럼 우리는 감정에 초연해야 합니다. 그래야 분별의 은혜를 지킬 수 있고, 기도로 주님의 인도를 받을 수 있습니다.

3

모든 일은
하나님의 일에
동참하는 것입니다

낙심하지 말지니

우리가 선을 행하되 낙심하지 말지니
포기하지 아니하면 때가 이르매 거두리라.
갈라디아서 6:9, 개역개정

모든 격려의 말, 모든 중보기도, 모든 돕는 행위는 영생의 결실을 맺을 씨앗입니다.

그러나 선행의 씨를 뿌리며 성급한 결과를 바라는 사람은 낙심할 것입니다. 내일 저녁 식사에 토마토를 원한다면 오늘밤 텃밭에 나가 토마토를 심어 봐야 부질없는 짓입니다. 파종과 수확 사이에는 눈에 보이지 않는 기나긴 어둠과 침묵의 시간이 있습니다. 그 기나긴 기다림의 시간에 우리는 작물을 살피고 김을 매고 거름을 주고 또 다른 씨를 심습니다. "우리가 선을 행하되 낙심하지 말지니." 작업은 끝없이 계속됩니다.

십자가 위의 대관식

세상 나라가 우리 주와 그의 그리스도의 나라가 되어
그가 세세토록 왕 노릇 하시리로다.
요한계시록 11:15, 개역개정

예수님은 하나님 나라의 존재를 공포하셨습니다. 그 단어는 그분 입술에 단골로 등장했습니다. 마침내 그분은 그 나라의 왕이라는 칭호를 받아들이셨습니다. 하나님의 통치는 영혼뿐 아니라 육체, 개개인뿐 아니라 사회 위에 세워지는 포괄적인 것입니다. 그것을 만인에게 알리는 것이 예수님의 분명한 뜻이었습니다.

그분은 그 통치를 행사하는 통념적 방식을 분명히 거부하셨습니다. 그분은 정권의 한자리를 주겠다는 마귀의 제의를 거절하셨고, 하늘에서 불을 내려 원수들을 살라 버리자는 보아너게 형제의 뜻을 책망하셨고, 베드로에게 검을 거두라 명하셨고, 빌라도에게 총독의 지위가 위태롭지 않다고 안심시키셨습니다. 아무도 핵심을 놓치지 않도록, 마침내 그분은 자신의 대관식이 십자가에서 거행되도록 이끄셨습니다.

제자와 순례자

예수께서 이르시되 내가 곧 길이요 진리요 생명이니
나로 말미암지 않고는 아버지께로 올 자가 없느니라.
요한복음 14:6, 개역개정

성경에 믿음의 사람들을 지칭하는 아주 유용한 호칭이
둘 있습니다. 제자와 순례자입니다. 제자인 우리는, 스승 예수
그리스도 밑에서 평생 도제로 사는 자들입니다. 우리는 늘 그
분과의 관계 속에서 배우고 자랍니다.

순례자인 우리는, 평생 어디론가 가는 자들입니다. 목적
지는 하나님이며 그곳에 이르는 노선은 길 되신 예수 그리스
도이십니다⋯⋯.

도마는 물었습니다. "그 길을 어찌 알겠사옵나이까." 그
에 대한 답으로 예수님은 우리에게 갈 길을 일러 주십니다.
"내가 곧 길이요 진리요 생명이니."

권위 선언문

이는 내 사랑하는 아들이요 내 기뻐하는 자라.

마태복음 3:17, 개역개정

　　예수님이 세례받고 물에서 나오실 때 성령께서 비둘기 모양으로 내려오신 일은, 홍수 후에 비둘기가 가져온 생명체 흔적의 증거와 상통합니다. 하나님이 노아에게 주신 복에는 권위의 총체적 위임이 포함되는데, 예수님께 들려온 "이는 내 사랑하는 아들이요 내 기뻐하는 자라"라는 하늘의 소리도 그와 유사합니다. 이 문구는 시편 2편을 인용한 것이며, 그러므로 애정 표현이 아니라 권위 선언문입니다. 메시아가 죽음의 심연에서 나와 혼돈을 다스리십니다.

하나님을 상대하는 삶

하나님, 주께서는 누구보다 나와 가까이 계시며
주님의 판단은 모두 진실합니다.
시편 119:151

하나님을 상대할 때 우리는 가장 살아 있습니다. 하나님을 상대하기 전에는 살아도 살아 있는 것 같지 않습니다(인간적 의미로만 보아도).

다윗은 하나님을 상대합니다. 인간 자체로만 보면 그는 별것 아닙니다. 인생의 성공에 대해 우리에게 전수할 지혜가 별로 없는 사람입니다. 그는 부정한 남편이요 불행한 아비였습니다. 순전히 역사적인 관점에서 보면, 그는 시적 재능을 갖춘 야만적인 두목이었습니다. 그러나 다윗의 중요성은, 그의 인간성이나 군사적 용맹에 있지 않고 하나님을 체험하고 증거한 데 있습니다. 그의 삶의 모든 사건은 하나님과의 대면이었습니다.

바로잡으시는 하나님

여러분이 하나님께 도움을 구하면, 그분께서 도와주십니다.
베드로전서 1:17

혹자는 말합니다. "봐라, 하나님이 무슨 시간이 있어 네시시한 문제를 쳐다보겠는가. 지금 중동에서 바쁘신 분이고, 더 큰일도 많은데 말이다. 네가 뭔가 얻으려거든 제일 좋은 길은 따로 있다. 이 제품을 사라. 그러면 넌 중요해진다. 이 옷을 입어라. 그러면 만인이 네 품위를 알아볼 것이다……."

변화를 가져다줄 유일한 기쁜 소식이 있습니다. 살아 계신 하나님이 일일이 우리를 불러 자비로이 용서하십니다. 그분은 중심을 바로잡아 주십니다. 그것이 우리한테 필요한 것입니다. 그것이 우리가 바라는 것입니다.

하나님께 주목하라!

우리는 하나님을 찬양하리라.
지금도 찬양하고, 늘 찬양하리라!
시편 115:18

기도는 우리 인간의 가장 철저한 현재의 행위이자 가장 강력한 행위입니다. 기도는 인접한 과거를 인접한 미래의 소켓에 끼워 그 둘을 유연한 유기체로 접합시킵니다. "아멘"은 방금 막 일어난 일들을 그러모아서, 이제 막 일어나려는 일들의 마라나타[Maranatha] 안에 둡니다. 그리고 축도를 이룹니다. 그렇게 우리는 하나님께 주목하며, 다른 사람들을 하나님께 주목하도록 이끕니다. 자신의 생활 수준, 자아상, 세상에 흔적을 남기려는 열성에 주목하는 사람들이 수없이 많지만 그것은 별로 중요하지 않습니다.

실체는 하나님입니다. 인간은 그분을 예배하거나 도망치거나 둘 중 하나입니다.

제자도의 십자가

서로 변함없이 사이좋게 지내고 사랑으로 화합하십시오.
히브리서 13:1

우리는 어둠 속을 걸어가야 하는 사람과 함께 있어 주어
야 합니다. 음침한 심곡의 암벽에 밝은 내용의 낙서를 쓰는 것
으로 그 일을 대신할 수는 없습니다.

메시지의 중심에 담대히 그리스도의 십자가를 두는 복
음은, 제자도의 십자가를 일상의 일부로 과감히 받아들입니
다. 어려움과 고난은 문제가 아니라 현실의 일부입니다. 복음
은 거기에 출구를 내놓지 않습니다. 그리스도인은 그 현실을
겪습니다. 그리고 소망 중에 서로 격려하며 그 현실 안에서 믿
음을 나눕니다.

안식일 준수

하나님이 육 일 동안 하늘과 땅과 바다와
그 안에 있는 모든 것을 만들고, 일곱째 날에 쉬었다.
출애굽기 20:11

성경에 안식일 계명이 두 번 나오는데, 계명은 똑같지만 근거로 삼는 이유는 다릅니다. 출애굽기의 이유는, 하나님이 안식하셨기에 우리도 안식일을 지켜야 한다는 것입니다.

신명기에서의 안식일을 지키는 이유는, 우리 조상들이 애굽에서 400년간 쉬지 못하고 살았다는 것입니다.^{신 5:15} 하루도 쉰 날이 없었습니다. 그 결과 그들은 더 이상 인간이 아니라 노예 취급을 받았습니다. 그들은 일손이자 작업반이었습니다. 하나님의 형상대로 지음 받은 사람이 아니라 벽돌을 만들고 피라미드를 짓는 장비였습니다.

우리도 행여 이웃이나 남편이나 아내나 자식이나 직원을 그렇게 대하지 않도록, 하나님은 우리에게 안식일을 지키라고 명하십니다.

일터의 제자들

하나님은 일터에서의 정직함을 중요하게 여기시니
네 일이 바로 하나님의 일이다.

잠언 16:11

온 세상은 그리스도인 일꾼들의 선교지입니다. 지리적으로만 아니라 직업적으로도 그렇습니다. 세상을 소위 '종교인들'인 목사와 선교사들에게만 남겨 둔다면, 손길이 미치지 못하는 부분이 어마어마할 것입니다. 목사와 신부의 역할도 중요하지만 다른 모든 직업도 똑같이 중요합니다. 우리는 각자 그 직업 속에서 제자로 살아갑니다.

인간이 가장 잘하는 일

여러분은 후한 헌금을 통해……
여러분의 감사를 보여주게 될 것입니다.
고린도후서 9:13

새들은 다리가 있어 걸을 수 있습니다. 새들은 발톱이 있어 나뭇가지를 꼭 붙들 수 있습니다. 새들은 걸을 수 있고 붙들 수 있습니다. 그러나 나는 것이야말로 새들의 특징적인 행동입니다. 날지 않는 한 새들의 삶은 우아하고 아름다운 최선의 삶이 아닙니다.

인간이 가장 잘하는 일은 베푸는 것입니다. 베풂은 우리가 태어난 세상의 대기大氣이며 태어나기 전부터 우리 안에 내장된 행동입니다. 베풂은 곧 세상이 존재하는 이치입니다. 하나님은 우리 중 누구에게도 예외를 두시지 않습니다. 우리는 가정과 이웃과 친구와 원수와 나라에 베풀어진 존재입니다. 우리 삶은 남을 위한 것입니다. 세상 돌아가는 이치가 그렇습니다.

담대하고 자유롭게

나는 그리스도와 나를 완전히 동일시했습니다.
……나는 그리스도와 함께 십자가에 못박혔습니다.

갈라디아서 2:19-20

십자가는 어떤 삶의 길을 끝내고 다른 삶의 길을 엽니다. 십자가로 끝나는 삶은 자아를 떠받들고 자아에 취하여 놀아나던 삶입니다. 십자가로 시작되는 삶은 하나님께 산제사로 드려지는 삶입니다.

예수님이 경험하신 모든 일을 우리도 경험합니다. 우리는 그분으로 시작합니다. 십자가와 부활로 나타난 그분의 완전한 계시로 시작합니다. 그리하여 우리도 후하게, 담대하고 자유롭게 살아갑니다.

은혜의 찬미

하나님이여, 주의 도는 극히 거룩하시오니.

시편 77:13, 개역개정

기도하면 의식이 깨어납니다. 세상에는 내가 낙심하거나 상처받거나 좌절하거나 울화통 터질 때 지각^{知覺}하는 것보다 훨씬 많은 일들이 벌어지고 있습니다.

묵상하면 의식과 지각이 민감해집니다. 묵상의 초점이 자기 연민이나 고립된 자아에 좁게 묶여 있으면, 그 결과 불행이 산더미처럼 커집니다. 그러나 초점이 자아 속의 하나님, 역사 속의 하나님, 세상 속의 하나님께 있으면 그 결과 은혜의 찬미가 터져 나옵니다. "하나님이여, 주의 도는 극히 거룩하시오니."

자비 아래

하나님, 자비를 베풀어 주소서!

시편 123:2

"하나님, 자비를 베풀어 주소서!" 이 기도는 하나님 마음에 없는 일을 그분께 억지로 시키려는 시도가 아니라, 그분이 늘 하시는 일에 손을 내미는 동작입니다. 하나님이 예수 그리스도 안에서 우리를 위해 우리 안에 행하시는 일을 받으려는 갈망의 표현입니다.

우리는 자비 아래 살아갑니다. 하나님은 우리를 이방인처럼 대하시지 않습니다. 일렬로 줄을 세워 우리의 능력이나 용도나 가치를 따지시지 않습니다. 그분은 우리를 자녀로 다스리시고 인도하시고 명하시고 사랑하십니다. 우리의 운명을 그 심장에 품으시고서 말입니다.

하나님 앞에 앉아

다윗 왕이 여호와 앞에 들어가 앉아서.

사무엘하 7:18, 개역개정

다윗은 앉았습니다. 단연코 다윗 평생에 가장 중대한 행위였습니다. 모든 행동을 멈추게 한 행동이었습니다. 골리앗을 죽인 일보다 더 중대했고, 원수 사울을 하나님의 기름부음 받은 자라 하여 존중한 일보다 더 중대했고, 언약궤를 예루살렘으로 가져온 일보다 더 중대했습니다.

그렇게 앉음으로 다윗은 왕의 주도권을 내놓고 왕위의 권세를 버렸습니다. 조종석에서 내려와 자진하여 왕 되신 하나님 앞에 조아려 경외했습니다.

하나님 앞에 앉아 다윗은 자기 계획과 하나님의 계획을 바꾸었습니다.

우리 삶의 빛

하나님께서 말씀하셨다.
"빛!" 하시니 빛이 생겨났다.
창세기 1:3

창세기 이전의 우주 상태는 우리의 내면 생활과 같았습니다. 형체가 없고 텅 비어 있었습니다. 제대로가 아닙니다. 우리도 제대로가 아닙니다. 우리 감정은 멋대로 날뜁니다. 우리 생각은 천방지축입니다. 우리 몸은 아픕니다. 우리 욕망은 덕을 짓밟습니다. 우리는 단 10분도 자신의 운명을 품위 있고 지혜롭게 이끌 줄 모르는 것 같습니다.

그래서 우리는 기도합니다. 시편의 본을 따라 우리 기도도 들음으로 시작됩니다. 우리에게 무엇이 들립니까? "하나님이 가라사대 빛이 있으라 하시매."

무질서는 조금씩 질서에 자리를 내줍니다. 혼돈은 조화로 바뀝니다.

하나님 말씀을 존중함

그분께서는 참된 말씀으로 우리를 소생시키시고,
우리를 모든 피조물의 머리로 삼아 돋보이게 하셨습니다.

야고보서 1:18

언어 능력은 인간의 가장 두드러진 특징입니다. 우리는 말로 자기 존재를 표현합니다. 우리에게 말을 사용하는 방식보다 더 의미심장한 것은 없습니다. 말을 잘못 사용하면 삶의 질이 떨어집니다.

우리가 말로써 자신을 이해하고 자기다워지는 방식은, 하나님과 그분의 다가오심을 이해하는 방식과 일맥상통합니다. 기독교 신앙의 가장 두드러진 특징은 말을 존중하는 것입니다. 제일 먼저 우리는 하나님 말씀을 존중합니다. 그리고 부차적으로 우리의 말, 곧 기도와 고백과 증거를 존중합니다.

순종으로 다시 빚어진다

힘든 시기에도 주저앉지 마십시오.
그럴수록 더욱 열심히 기도하십시오.

로마서 12:12

　　일은 대개 삶의 주성분입니다. 피할 수 없습니다. 좋은 일일 수도 있고 나쁜 일일 수도 있습니다. 죄가 번식하는 장일 수도 있고 믿음이 자라는 장일 수도 있습니다. 죄의 본질은 좋은 것을 가져다가 표시 안 나게 살짝 비틀어 본래 겨냥하던 과녁, 곧 하나님의 과녁을 빗나가게 하는 것입니다. 그래서 제자도의 필수 요건이 있습니다. 죄가 우리 본성을 비뚤어지게 하는 방식을 배우고, 그 배운 내용을 하나님의 영속적 뜻 앞에 내려놓는 것입니다. 그럴 때 우리는 하루하루의 순종으로 다시 빚어집니다.

내가 의뢰하고

참으로 하나님은 나의 구원이십니다.
내가 주를 믿고 두려워하지 않겠습니다.
이사야 12:2

하나님이 원하시는 모습이 되려면 무장되어야 하고, 무장되려면 두 가지 주제를 통달해야 합니다. 하나님과 세상입니다. 두 주제 모두 첫인상과 겉모습에서는 우리를 속입니다. 우리는 하나님을 과소평가하고 악을 과대평가합니다. 우리는 하나님이 하시는 일을 보지 못한 채 그분이 아무 일도 하시지 않는다고 결론짓습니다. 우리는 악이 하는 일만 보고는, 만인이 악의 지배 아래 있다고 생각합니다.

하나님의 형상대로 살려면 우리는 그분 말씀을 의뢰해야 합니다. 눈에 보이지 않는 것을 의뢰해야 합니다. 세상 속에 살려면 우리는 엄청난 악을 직시해야 하지만, 동시에 그것이 제한되고 통제된 악임을 알아야 합니다.

돌보시는 하나님

우리가 하나님께서 성령을 통해 우리 삶 속에
아낌없이 쏟아붓고 계신 그 모든 것을 다 담아내기에는,
아무리 많은 그릇으로도 부족합니다!

로마서 5:5

믿음으로 사는 삶은, 규정집을 읽거나 약도대로 가거나 직업 훈련 과정을 떼거나 화살표를 따라간다고 되지 않습니다. 우리는 사물이나 졸업장이나 개념이나 감정이나 행위나 성공으로 시작하지 않습니다. 우리는 하나님으로 시작합니다. 우리는 감히 믿습니다, 하나님이 우리 존재를 돌보시며 우리 존재를 아신다고. 우리는 감히 믿습니다, 보이는 것이든 보이지 않는 것이든 만물을 떠받치고 에워싸고 뛰어넘는 실체는 하나님이라고. 그리고 그분이 우리를 부양하시고 사랑하시고 축복하시며 구원하신다고.

경외함으로

그리스도를 경외함으로 피차 복종하라.

에베소서 5:21, 개역개정

그리스도라는 말은 경외라는 말로 효력을 발합니다. 경외란 마음을 다하여 공경하고 경배하는 것입니다. 사랑과 흠모로 반응하려는 자세입니다. 우리에게 하나님과의 관계를 가르쳐 주는 것은, 그분의 뜻을 훤히 안다는 오만하고 독단적인 지식이 아닙니다. 그렇다고 우리는 그분의 심기를 거스를까 못내 두렵고 불안하여 그분 앞에 몸을 사리지도 않습니다.

복음을 경외하고 그리스도를 경외하는 마음은 자발적에너지로 충천한 힘차고 당당한 (그러나 결코 오만하지 않은) 자유입니다.

우리는 폭정에 휘둘릴 두려움 없이 언제라도 그리스도 앞에 엎드려 절할 수 있습니다. 그분은 이미 십자가에서 우리를 위해 목숨을 버리셨기 때문입니다. 그분은 아무것도 아끼지 않고 자신을 쏟으셨습니다.

사랑의 해로

남자는 부모를 떠나, 아내를 품에 안고 한 몸이 된다.

창세기 2:24

모든 결혼은 사회에 사랑과 자유의 참신한 에너지를 들여놓습니다. 그 에너지는 부부 자신만 아니라 온 나라를 자아에서 벗어나게 할 위력을 지니고 있습니다. 그러나 에너지를 들여놓는 것만으로는 부족합니다. 그렇지 않다면 우리는 벌써 유토피아를 이루었을 것입니다. 에너지는 지속되고 완성되어야 합니다. 그리스도 안이 아니고서야 어디서 그것이 가능하겠습니까? 끊임없이 기도하며 충절을 다할 때 우리는 사랑의 해로에 이릅니다. 사랑의 해로가 있어 세상은 망하지 않습니다.

삶의 현실

여러분이 하나님 여러분의 하나님을 찾으면,
진정으로 그분을 찾고 마음과 뜻을 다해 그분을 찾으면,
그분을 만나게 될 것입니다.

신명기 4:29

평소 우리 삶은 온통 산만하고 지리멸렬해 보입니다. 그
러다 덜컥 재난이 닥칩니다. 질병, 사고, 실직, 이혼, 죽음. 누
구 하나 내게 물어보거나 승낙을 기다리는 이 없이, 예상하지
못한 내 삶의 현실은 뒤죽박죽이 되고 맙니다.

우리 모두에게 주어진 분초와 날과 달과 해는 '유랑'의 세
월입니다. 이 세월을 우리는 어찌할 것입니까? 딴 데 있었으면
좋겠다고 한탄할 것입니까? 원망할 것입니까? 공상 속으로 달
아날 것입니까? 마약에 취해 잊을 것입니까? 아니면 내가 살고
있는 곳과 함께 사는 이들의 평안을 구하며 집 짓고 씨 뿌리고
결혼할 것입니까? 유랑 생활은 무엇이 정말 중요한 것인지 밝
혀 주며, 정말 중요한 것을 추구할 자유를 가져다줍니다. 그것
은 다름 아니라 마음을 다하여 주를 구하는 것입니다.

우리는 하나님을 원한다

하나님께서 하시는 일 대부분은 여러분을 사랑하시는 것입니다.
그분과의 사귐을 지속하고, 사랑의 삶을 익히십시오.
에베소서 5:1

우리가 상대해야 할 것은 하나님입니다. 사람들은 그것
을 모른 채 세월을 허송합니다. 돈, 섹스, 일, 자녀, 부모, 정치
문제, 운동 시합, 공부가 자기가 상대해야 할 것인 줄 알고서
말입니다. 이 중 하나나 혹은 여럿이 우리를 사로잡아 제법 그
럴듯한 의미와 목표를 줄 수 있습니다. 그러나 곧 서서히 권태
가 찾아옵니다. 재난이 닥칩니다. 갑작스런 의미의 붕괴에 부
딪칩니다. 우리는 그 이상을 원합니다. 하나님을 원합니다.

사랑은 자유케 한다 .

우리가 사랑의 삶 속에 영원히 살기로 작정하면,
우리는 하나님 안에 살고 하나님도 우리 안에 사십니다.
요한일서 4:16

사랑은 최고의 자유 행위입니다. 사랑할 때 내 최상의 의도와 최상의 능력은 타인에게로 향합니다. 사랑할 때 내 최상의 에너지는 하나님이 따로 뽑아 사랑하시는 한 사람과의 교제와 우정에 동원됩니다. 사랑의 행위는 감정이나 환경, 편견이나 관습에 지배당하지 않습니다. 우리는 적으로 등장한 사람, 누가 봐도 변변치 못한 사람, 내게 아무 이득이나 가치가 없어 보이는 사람, 매번 불쾌감을 주는 사람을 자유로이 사랑합니다.

사랑한다는 것은 위대한 자유입니다. 상대방 앞에서 독특하게, 전적으로, 확실히 나다워지는 자유입니다.

능력의 하나님

그분의 관대하심 다함이 없다. 하나님의 기적은 그분의 기념비.
……그분은 은혜의 하나님.

시편 111:3-4

살다 보면 두려운 것이 많습니다. 우리는 늘 나보다 힘센 사람들과 마주칩니다. 그들은 힘과 권세를 어떻게 사용합니까? 우리를 무시하고 착취하고 이용하고 제거합니까? 우리는 벽을 쌓고 조심하는 법을 배웁니다.

그러다 우리는 하나님 앞에 나옵니다. 능력과 신비의 하나님. 그분은 우리를 어떻게 대하십니까? 우리를 벌하시고 멸하시고 자유를 빼앗으십니까? 우리 경험에 기초해 보면 얼마든지 가능한 일입니다. 힘이란 그런 게 아니겠습니까. 그래서 우리는 확신의 말이 듬뿍 필요합니다. 그분 안에서라면 이 고백이 가능합니다. "결국 다 잘될 테니 안심하라."

이웃 사랑

네 자신을 사랑하는 것같이 다른 사람을 사랑하라.

마태복음 22:39

자기 생각과 감정에 빠져 있거나 두문불출 혼자 지내는 사람, 그런 사람의 내면 활동에서 생겨난 종교란 성경에 없습니다. 무엇이 큰 계명이냐는 물음에, 예수님은 "네 열정과 간구와 지성을 다해 주 너의 하나님을 사랑하라"고 말씀하셨습니다. 그리고 행여 누가 박차고 나가 그 말씀 하나로 자기만의 종교("알 사람이 없도다")를 만들어 내기 전에, 즉시 그분은 그 말씀을 다른 말씀에 대고 못을 치셨습니다. "그리고 그 옆에 나란히 두어야 할 두 번째 계명이 있다. '네 자신을 사랑하는 것같이 다른 사람을 사랑하라.'"

한없이 후한 세계

하나님께 감사드려라! 그 이름 부르며 기도하여라!
만나는 모든 이들에게 그분이 행하신 일을 알려라.

시편 105:1

시편은 우리에게 기도를 가르치되 절대 우리를 혼자 두지 않습니다. 시편은 우리의 모든 기도를 예배에 끼워 넣습니다.

예배를 통해 우리의 기도는 나만 챙기던 피곤한 사업에서 벗어나, 하나님의 일을 보고 동참하는 신명 나는 사업으로 들어섭니다. 우리는 모두가 얻고 받고 드리고 찬송하는 한없이 후한 세계로 이끌립니다. 서로 사랑하고 사랑받는 세계로 이끌립니다.

공동체의 기쁨

내가 이것을 너희에게 이름은
내 기쁨이 너희 안에 있어
너희 기쁨을 충만하게 하려 함이라.

요한복음 15:11, 개역개정

구원이란 비단 개인적인 것만이 아니라 공동체적인 것입니다. 공동체적이라는 그 성격 때문에 기쁨이 있습니다. 기쁨은 개인적 감정이 아닙니다. 기쁨의 생성에도 기쁨의 표현에도 공동체가 필요합니다. 공동체를 주시고 지키시는 분이 하나님이기에 우리의 반응은 하나님 안에서 기뻐하는 것입니다.

기쁨을 하나님 안의 뿌리에서 떼어 내 신앙 공동체 밖에서 추구하면 한낱 감정으로 변하고 맙니다. 기쁨의 경험을 하나님과 분리시키는 일은 고난의 경험을 하나님과 분리시키는 일만큼이나 쉽습니다. 후자의 결과가 분노라면 전자의 결과는 권태입니다.

우주를 운행하시는 하나님

그의 오른손에 일곱 별이 있고.

요한계시록 1:16, 개역개정

예수님은 오른손에 일곱 별을 붙들고 계십니다. "오른손"이란 사용할 준비가 되었다는 뜻입니다. 오른손에 검을 든 병사는 싸울 준비가 되어 있습니다. 오른손에 막대기를 든 목자는 일하는 중입니다. 오른손에 들린 망치는 헐거운 마룻바닥에 싸구려 못을 내려칠 준비가 되어 있습니다. 내 오른손에 있는 것은 내가 잘 다룰 수 있는 것이며, 사실 언제라도 쓸 준비가 되어 있는 것입니다. 그렇다면 예수님은 무엇을 하십니까? 우주를 운행하십니다. 아주 간단합니다. 별들이 우리 운명을 결정하는 것이 아닙니다. 예수님이 별들을 움직이십니다.

자유의 나라

아들이 너희를 자유롭게 하면 너희가 참으로 자유로우리라.

요한복음 8:36, 개역개정

살아 계신 그리스도께 마음을 드릴 때 우리는 내가 자유의 나라에 와 있음을 깨닫습니다. 은사를 주시는 성령을 마음에 모실 때 우리는 내게 자유로이 살아갈 자질과 능력이 주어졌음을 깨닫습니다. 하나님을 믿는 믿음이 없다면 우리는 나보다 힘센 자들에게 시달리며, 잔인한 결정론의 세계에 살거나 아니면 터무니없는 운과 우연의 세계에 삽니다.

믿음 안에서 우리는 자유의 하나님과 관계를 가꾸며, 그리하여 나 자신도 자유를 경험하고 실현할 수 있습니다.

4

우리는
경배하도록
지음 받았습니다

4 / 1　새로운 도화지

주께서는 정확히 아십니다.
내가 어떻게 지어졌는지, 아무것도 아니던 내가 어떻게
이처럼 근사한 형상으로 빚어졌는지를.
시편 139:15

　성경은 하나님에 대해서는 많은 것을 말해 주지만 사람들에 대한 정보에는 인색합니다. 성경은 우리의 영웅 숭배욕구를 채워 주지 않습니다. 성경은 팬클럽에 가입하고 싶은 우리의 사춘기적 욕망에 영합하지 않습니다. 이유는 너무나 분명합니다. 팬클럽은 대리 인생을 조장합니다.

　성경이 밝히 보여주듯이, 믿음의 이야기는 사람마다 완전히 독창적입니다. 하나님의 창의력은 무궁무진합니다. 모든 인생은 새로운 도화지입니다. 그분은 한번도 써보신 적 없는 선과 색과 명암, 질감과 균형을 써서 그 위에 그림을 그리십니다.

기쁨의 예배

사람들이 "하나님의 집으로 가세!" 할 때,
내 마음 기뻐 뛰었네.
시편 122:1

지금은 미국인들의 교회 출석률이 상승세를 타는 때는 아니지만 그래도 숫자는 대단합니다. 예컨대 일요일에 교회에서 예배드리는 사람이 풋볼 경기장이나 골프장이나 낚시터나 산에 가 있는 사람들보다 많습니다. 단연 예배야말로 이 나라의 가장 대중화된 행위입니다.

따라서 "사람들이 '하나님의 집으로 가세!' 할 때, 내 마음 기뻐 뛰었네"라고 한 시편 기자의 고백은, 예배 사업에 인파를 동원하려는 어느 선동꾼의 허울 좋은 떠벌림이 아닙니다. 시간과 장소를 초월하여 그리스도인이라면 누구나 맛보는 기쁨입니다.

광야의 아름다움

내가 절망에서 부르짖을 때
하나님께서 나를 궁지에서 빼내 주셨습니다.
시편 34:6

하는 일마다 잘 풀립니다. 취직도 됐고 집도 새 단장을 했고 할부로 자동차도 샀습니다. 그러다 갑자기 우리 몸에, 감정에, 생각에, 우정에, 일에 급격한 변화가 생깁니다. 내 능력 밖입니다. 우리는 광야에 서 있습니다.

환경의 광야는 비참하고 무섭고 위험한 곳입니다. 그러나 나는 그곳이 또한 아름다운 곳이라 믿습니다. 광야에서만 보고 듣고 경험할 수 있는 것들이 있습니다. 세상 어디서도 보고 듣고 경험할 수 없는 것들입니다. 우리는 위험과 죽음을 의식하며 그 속에 던져집니다. 그러나 동시에 우리는 하나님의 위대한 신비를 의식하며 그 속에 던져집니다. 다만 가만히 있을 뿐입니다.

홀가분한 삶

하나님께서 여러분을 세심하게 돌보고 계시니,
아무것도 근심하지 말고 하나님 앞에서 사십시오.
베드로전서 5:7

개인적 차원에서 복음이란 나에 관한 기쁜 소식입니다. 아무리 감쪽같이 유능하고 행복한 인상을 풍긴다 해도 우리는 불안과 죄책감과 절망 속에서는 살아갈 수 없습니다.

하나님의 사랑과 우리의 구원은 예수 그리스도 안에서만 충분히 표현되고 온전히 성취됩니다. 그것이 기쁜 소식입니다. 그분을 받아들일 때 우리는 불안을 떨치고 홀가분하게 살아갈 수 있습니다. 지독한 탐욕을 벗고 너그러이 칭찬하며 살아갈 수 있습니다. 죄책감에 찌들고 두려움에 시달리던 삶이 구김살 없고 희망에 찬 삶으로 바뀝니다. 그것이 기쁜 소식입니다!

범사가 기도로

그날은 일요일이었고,
나는 성령 안에서 기도하고 있었습니다.
요한계시록 1:10

요한계시록에서 우리는 간략한 도입부에 이어 기도하는 요한을 만납니다.[1:10]

책이 끝날 때도 그는 기도하고 있습니다. "아멘. 주 예수여, 오시옵소서."[22:20] 요한은 하나님의 음성을 듣습니다. 하나님 앞에 침묵합니다. 하나님께 노래합니다. 하나님께 묻습니다.

요한은 놓치는 게 별로 없습니다. 그는 성경을 읽고 자기 것으로 소화합니다. 매일의 뉴스를 읽고 그 힘을 느낍니다. 그러나 고대의 성경도 시사 뉴스도 그의 문간에 도착한 모습대로 떠나지 않습니다. 범사가 기도로 바뀝니다.

은혜와 사랑

도성의 주춧돌은 온갖 귀한 보석들로 장식되어 있습니다.
그 열두 대문은 열두 진주로 되어 있었는데,
각 대문이 한 개의 진주로 되어 있었습니다.

요한계시록 21:19, 21

요한은 우리에게 천국을 보여줍니다. 천국을 보지 못하면 우리는 무채색 실존으로 전락할 수밖에 없습니다. 색맹 같은 탁상공론을 일삼으며 매사를 흑백논리로 보게 됩니다. 고역스런 도덕론으로 삶이 칙칙해집니다. 그러나 은혜의 삶과 그리스도의 사랑이 '엄청난' 것이 아니라면 무엇이겠습니까.

천국의 빛은 어둠 속에 덩그러니 걸린 흐릿한 40촉 전구가 아닙니다. 그것은 색입니다. 모든 피조물의 색조와 감촉을 낱낱이 보여주는 빛입니다. 총천연색으로 쏟아지는 그 빛이 우리를 감싸고 씻깁니다.

살아 있는 중심

너희는 알아 두어라, 주께서 하나님이심을.
……우리는 그분의 백성, 그분이 보살피시는 양 떼.

시편 100:3

하나님은 우리의 모든 존재와 행위의 살아 있는 중심입니다. 만물의 상하좌우에 그분이 계십니다. 삶의 한 부분이라도 그분과 떼어 놓으면 우리는 지푸라기를 붙잡는 신세가 됩니다. 하나님을 떠나서는 아무것도 스스로 바로 설 수 없습니다. 하나님의 창조와 하나님의 구원이라는 문맥에서 떨어져 나오면 무엇이든 알맹이를 잃고 맙니다. 하나님이 아니라면 아무것도 없는 것과 같습니다. 어떤 사상, 어떤 감정, 어떤 진리, 어떤 쾌락도 스스로 존재할 수 없습니다.

놀라운 승리

너희 안에서 행하시는 이는 하나님이시니
자기의 기쁘신 뜻을 위하여
너희에게 소원을 두고 행하게 하시나니.

빌립보서 2:13, 개역개정

요나가 도망치며 불순종했을 때 배 안의 선원들은 여호와께 기도하며 믿음의 삶에 들어섰습니다.[욘 1:16] 요나가 성내며 불순종했을 때 니느웨 사람들은 모두 구원받았습니다.[욘 3:10]

하나님은 무모한 불순종에 마지못한 순종까지, 우리 모습 그대로를 통해 그분 뜻을 이루십니다. 그리고 그분의 일에 너그러이 우리 삶을 써주십니다.

그분이 행하시는 방식을 보면 우리는 감히 조금도 공로를 취할 수 없습니다. 그럼에도 하나님은 그분이 이루시는 승리에 우리도 참여시키셔서 이따금씩 숨 막힐 정도로 놀라며 기뻐하게 해주십니다.

하나님의 큰 생각

여호와께서 그의 손을 내밀어 내 입에 대시며
여호와께서 내게 이르시되
보라 내가 내 말을 네 입에 두었노라.
예레미야 1:9-10, 개역개정

나 스스로 할 수 있다고 생각하는 일과 하나님이 내게 명하시는 일은 천지차이입니다. 우리가 스스로 할 수 있거나 하고 싶다고 생각하는 일은 시시합니다. 우리를 향한 하나님의 생각은 큽니다.

삶에 대한 내 참여도를 결정짓는 것은 내 감정이 아닙니다. 장차 이룰 인격과 행위에 대한 내 자격을 판가름하는 것도 내 경험이 아닙니다. 하나님이 우리를 어떻게 보시느냐가 관건입니다. 하나님이 우리를 위험하고 냉혹한 믿음의 삶으로 보내심은 우리에게 자격이 있어서가 아닙니다. 거꾸로, 그분은 우리의 자격을 갖춰 주시려고 우리를 택하십니다. 하나님 자신이 원하시는 인격과 삶을 우리에게 이루시는 것입니다.

십자가는 중심이다

나는 우리 주 예수 그리스도의 십자가만을 자랑하겠습니다.
갈라디아서 6:14

역사의 단 한 가지 불가항력적인 사실은 예수 그리스도
의 십자가입니다. 어떤 군사적 전투, 어떤 지리적 탐험, 어떤
과학적 발견, 어떤 문학적 창작, 어떤 예술적 성취, 어떤 도덕
적 의협심도 십자가에 비할 바 못 됩니다. 십자가는 유일무이
하고 강력합니다. 타의 추종을 불허하는 전무후무한 사건입
니다. 그리스도의 십자가는 밝혀질 수도 있고 밝혀지지 않을
수도 있는 소소한 비밀이 아닙니다. 그리스도의 십자가는 1세
기 정치사의 작은 사건이나 용기의 멋진 귀감이 아닙니다. 십
자가는 모든 것의 중심입니다.

그리스도의 십자가는 중심적 사실입니다. 다른 모든 사
실은 거기에 종속될 뿐입니다.

하나님의 뜻

나의 산이신 하나님을 찬양하여라.
……내가 딛고 선 반석.
시편 144:1

나는 앞날을 손톱만큼도 모릅니다. 한 시간 후에 무슨 일이 생길지 모릅니다. 질병이나 사고가 닥칠 수도 있습니다. 나 개인이나 세상에 재난이 터질 수도 있습니다. 오늘이 다하기 전에 나는 죽음, 고통, 상실, 거부를 대면해야 할 수도 있습니다. 나 자신과 내 사랑하는 이들과 내 나라와 이 세상이 장차 어찌 될지 나는 모릅니다. 그러나 이런 무지에도 불구하고 나는 고백합니다. 허울 좋은 낙관론자들과 비겁한 비관론자들에 둘러싸여 나는 고백합니다. 하나님은 반드시 자기 뜻을 이루십니다. 그리고 나는 아무것도 나를 그리스도의 사랑에서 끊을 수 없다는 희망을 품고 계속 밝게 살아갑니다.

다시 옛 노래를

또 주의 모든 일을 작은 소리로 읊조리며
주의 행사를 낮은 소리로 되뇌이리이다.

시편 77:12, 개역개정

　기도를 시작하기에 어울리지 않는 자리란 없습니다. 단시작할 때와 사뭇 다른 자리에 와 있더라도 우리는 두려워 말아야 합니다. 시편 기자의 기도는 오만으로 들끓는 질문들과 신세 타령으로 시작됩니다. 그러나 끝에 가서는 다시 옛 노래를 부르며 하나님의 능력과 은혜를 선포합니다.

　"하나님을 생각하면 신음만 나온다"던 답답한 기도가, 이런 기운찬 고백으로 바뀝니다. "주의 모든 일을 작은 소리로 읊조리며 주의 행사를 낮은 소리로 되뇌이리이다."

하나님께 맡기라

하나님께서 너희에게 하시는 것처럼,
너희도 다른 사람들을 대할 때 너그럽고 인자하게 살아라.
마태복음 5:48

사울은 다윗의 삶을 고달프게 했으나 다윗을 멸할 수는 없었습니다. 다윗이 사울의 증오에 자기 삶의 운명을 내맡겼다면 다윗은 망했을 것입니다. 살해되지는 않았더라도 분명 파멸로 치달았을 것입니다. 복수심에 찌들어 잘아지고 오그라들었을 것입니다. 사울에게 쫓겨 다닐 때 다윗은 고통과 분노를 하나님께 털어놓았습니다. 그리고 어련히 알아서 사울을 심판하실 하나님께 문제를 맡겼습니다. 사울의 증오는 다윗을 졸아들고 작아지게 하기는커녕, 오히려 더 커지고 넓어지고 너그러워질 기회를 준 셈입니다.

기도의 자리

나, 죽을힘 다해 하나님의 품으로 피해 왔거늘.

시편 11:1

다윗의 생애는 성경 전체를 통틀어 가장 박진감 넘치는 이야기입니다. 어쩌면 세계사 전체를 통틀어 가장 박진감 넘치는 이야기일지도 모릅니다. 그것은 또한 성경에 가장 장황히 소개된 이야기이기도 합니다. 성경의 신앙 공동체에 속한 어느 누구보다 우리는 다윗에 대해 더 많이 압니다.

성경에 가장 길게 소개된 이 이야기의 주인공은 누구보다도 기도하는 모습으로 가장 많이 등장합니다. 그는 목자, 게릴라 전사, 궁중 음악인, 정치가였습니다. 그의 온 생애는 성스러운 일상으로 이루어졌습니다. 그런데 우리는 일상에 세속이란 딱지를 붙이기 일쑤입니다. 기도의 공식 자리는 일상생활입니다.

은혜로운 용서

그분은 지금부터 영원까지 제사장으로 계시면서,
자기를 통해 하나님께 나아오는 모든 사람을 구원하시고
언제나 그들 편에서 말씀해 주십니다.

히브리서 7:24-25

인자 되신 예수님은 제사장입니다. 제사장은 다리입니다. 그분은 하나님과 인간을 맺어 주십니다. 제사장은 우리에게 하나님을 보이고 하나님께 우리를 보입니다. 제사장은 중재합니다. 그분은 우리 편인 동시에 하나님 편이기도 합니다.

우리가 지금보다 나은 사람이 되고 싶을 때 제사장이 도움을 약속합니다. 우리가 실수를 저질러 놓고 후회할 때 제사장이 도움을 약속합니다. 인자 되신 예수님이 제사장 일을 보시는 한, 경외감에 젖을 일은 많아도 두려움에 떨 일은 하나도 없습니다. 인자 되신 예수님이 제사장 일을 보시는 한, 회개할 일은 많아도 절망할 일은 하나도 없습니다. 제사장의 중재는 은혜로운 용서를 낳습니다.

기도 동역자

그런즉 너희는 먼저 그의 나라와 그의 의를 구하라.
그리하면 이 모든 것을 너희에게 더하시리라.

마태복음 6:33, 개역개정

　　예수님의 죽으심으로, 구제불능의 이 땅에 하나님 능력
의 전격적 침투가 가능해졌습니다. 이 독생하신 아들을 생각
해서라도, 하나님은 아들이 구원하신 사람들의 기도 없이는
아무 일도 하시지 않습니다. 능력은 그분께 있으나 특권은 우
리에게 있습니다.

　　그리스도 안에 있는 우리는 지옥의 계략을 두려워하거
나 거기에 굴할 이유가 하나도 없습니다. 우리는 이 땅에 하나
님의 복과 권세와 능력을 흘려보내는 기도 동역자가 되도록
구원받았습니다. 우리는 하늘의 의와 뜻이 이 땅에 실현되도
록 기도하는 자들입니다.

　　먼저 하나님 나라를 구할 때 그 일은 이루어집니다.

하나님을 진지하게

하나님이 성을 지켜 주시지 않으면 파수꾼이야
밤에 있으나 없으나 매한가지.

시편 127:1

그리스도인들과 다른 사람들의 근본적 차이는, 우리는 하나님을 진지하게 대하지만 그들은 그러지 않는다는 것입니다.

우리는 정말로 그분이 모든 존재의 중심 실체임을 믿습니다.

우리는 정말로 그분의 성품과 행위에 주목합니다.

우리는 정말로 다른 어떤 것도 아닌, 그 실체에 대한 반응으로 삶을 재편합니다.

믿음의 헌신

여러분 안에 이 위대한 일을 시작하신 하나님께서
그 일을 지속하셔서, 그리스도 예수께서 오시는 그날에
멋지게 완성하실 것을 나는 조금도 의심치 않습니다.

빌립보서 1:6

종교의 기능은 사람의 기분을 좋게 하는 것이 아니라 좋은 사람을 만드는 것입니다. 사랑? 물론 하나님은 우리를 사랑하십니다. 하지만 그분의 사랑은 뜨겁고, 그래서 그 반응으로 신실하고 헌신된 사랑을 요구하십니다. 하나님은 길들여진 귀여운 애완동물을 원하시지 않습니다. 그분이 원하시는 것은 자기만의 개성을 살려 그분께 반응할 성숙하고 자유로운 사람입니다. 그런 사람이 되려면 정직하고 진실해야 합니다. 자아의 우상이 무너져야 합니다. 마음이 청결하고 생각이 깨끗해야 합니다. 죄의 고백과 믿음의 헌신이 있어야 합니다.

반응하는 관계

믿음의 행위로 아브라함은

……하나님의 부르심에 "예" 하고 응답했습니다.

히브리서 11:8

주전 19세기 무렵, 아브라함은 하나님의 부르심을 듣고 집을 떠나 서쪽으로 긴 여정에 올랐습니다. 그는 자신의 종교와 고향과 문화와 안전을 등졌습니다. 그에게 하나님은 무엇보다 중요했습니다. 자신의 나라와 안락과 문화보다 중요했습니다.

하나님은 인격적 관계로 우리에게 자신을 주십니다. 우리는 다름 아닌 삶으로 반응합니다. 우리의 모든 것—일, 가정, 애정, 계획, 추억, 놀이, 재산—은 그분과의 이 근본적 관계 속에 조정되고 배열됩니다. 그것은 반응하는 관계이자 살아 있는 관계입니다.

비우고 채우고

오히려 자기를 비워 종의 형체를 가지사 사람들과 같이 되셨고.
빌립보서 2:7, 개역개정

예수께서 자기를 비우셨다는 바울의 표현은 성육신 사역, 곧 인간 구원 성취의 구심점으로 지목되곤 합니다.

채우려면 먼저 비워야 합니다. 하나님의 아들은 자신의 특권, 신적 권리, 지위와 명성을 비우셨습니다. 그리하여 인간과 만물을 구원의 영광으로 채우시는 하나님의 통로가 되셨습니다. 들통에 아무리 귀한 것이 들어 있을지라도 비우지 않으면 당장 필요할 때 쓸 수 없습니다.

신념

어리석은 자는 그의 마음에 이르기를 하나님이 없다 하는도다.

시편 14:1, 개역개정

G. K. 체스터턴은 만일 자기가 집주인이라면 세입자들에 대해 가장 알고 싶은 것이 있다고 했습니다. 그것은 그들의 직장이나 수입이 아니라 그들의 신념이라고 말한 적이 있습니다. 정말 신념을 알아낼 길이 있다면 말입니다. 그들의 정직성, 대인 관계, 셋집 관리의 책임성을 결정짓는 것은 바로 그들의 신념이기 때문입니다. 두둑한 수입은 부정직을 막는 방책이 못 됩니다. 선망받는 직업은 헤픈 씀씀이를 막는 보장이 못 됩니다. 신념이란 여론조사에 내놓는 즉석 답변이 아닙니다. 신념은 우리의 가장 깊은 부분입니다.

소망 중에 산다

나는 너희를 돌보기 위해 계획을 세웠다.
너희를 포기하려는 계획이 아니라,
너희가 꿈꾸는 내일을 주려는 계획이다.

예레미야 29:11

　　하나님은 한번 시작하신 일은 반드시 이루십니다. 아무리 불가능해 보여도, 아니 불가능해 보일수록 더 그리하십니다. 소망은 그런 확신을 품고 움직입니다.

　　우리는 누구를 만나든 상대를 이런 기대감 속에 끌어들여야 합니다. 어떤 상황에 처하든 그것을 하나님 나라 안에 두어야 합니다. 우리는 하나님이 지금 그 나라를 세우고 계심을 확신합니다. 소망이란 믿음대로 사는 것입니다.

　　물론 소망 중에 살기보다 절망 중에 무너지는 편이 훨씬 쉽습니다. 절망 중에 살면 할 일도 없고 모험도 없습니다. 소망 중에 산다는 것은 물살을 역류하는 것입니다.

무한한 가능성

여러분은 그리스도의 몸입니다.
그것이 여러분의 참모습입니다!
여러분은 이것을 잊어서는 안 됩니다.
고린도전서 12:27

어떤 신앙 공동체에나 중요한 것이 하나 있습니다. 믿음
의 형제자매들에게 하시는 하나님의 일에 대한 우리의 기대
감이 날로 새로워지는 것입니다. 우리는 형제의 행동, 자매의
성장을 예단하지 않습니다. 공동체의 구성원은 저마다 독특
합니다. 저마다 성령의 특별한 사랑, 특별한 인도를 받습니다.

오늘 이 형제 안에서, 저 자매 안에서 하나님이 무슨 일
을 하실까 기대감을 품고 서로를 볼 때 신앙 공동체는 부흥합
니다. 그들은 아침마다 새로운 사람입니다. 무한한 가능성을
지닌 자들입니다.

공존 공생

그리스도의 평화가 여러분을 서로 조화롭게 하고
보조를 맞추게 하십시오.

골로새서 3:15

우리는 다 남을 위해 발휘할 장점이 있고 남을 이끌어 줄
지식이 있습니다. 그러나 혼자서 팔방미인은 아닙니다.

때로 우리는 나서서 도와주는 친구입니다. 때로 우리는
도움을 받는 친구입니다. 어느 경우든 우리가 맛보는 자유는
깊어집니다. 우리는 더 이상 내 장점에 갇혀 살지도 않고 내
부족함 때문에 무력해지지도 않습니다. 우리는 도움을 주고
받으며 공존 공생의 의미를 실감합니다.

하나님은 죄에서 구하신다

너희 죄가 피처럼 붉으냐? 눈처럼 새하얘질 것이다.

이사야 1:18

"내가 여호와께 죄를 범하였노라."[삼하 12:13] 이는 희망에 찬 문장입니다. 하나님으로 가득한 말이기에 희망에 찬 문장입니다.

아우구스티누스가 쓴 것으로 알려진 라틴어 문구 "felix culpa"(오 복된 죄여!)는 희망이 담긴 슬로건입니다. 내 죄를 인정하고 고백할 때에만 나는 나를 죄에서 구하시는 하나님을 인정하고 그분께 반응할 수 있습니다. 내 죄에 무지하거나 무관심하다면 나는 "예수님이 구원하신다!"는 하나뿐인 위대한 기쁜 소식에 무지하거나 무관심한 것입니다.

첫걸음

하나님, 들으소서! 내 기도를 들어주소서.
괴로워 부르짖는 소리에 귀 기울여 주소서.
시편 102:1

인간의 상처는 치유의 첫걸음이 될 가망성이 희박합니
다. 인간의 증오는 의의 첫걸음이 될 가망성이 희박합니다. 그
럼에도 기도하면 상처와 증오도 첫걸음이 됩니다. 하나님의
임재로 들어가는 첫걸음이 됩니다. 거기서 우리는 내가 어떤
문제를 가져가도 그분이 능히 다루심을 배웁니다. 그분의 방
식은 내 생각과 다르며 내 생각보다 낫습니다. 다만 기도하지
않는 한 우리는 배울 수 없습니다. 차라리 잘못 기도하더라도
아예 기도하지 않는 것보다 낫습니다.

위대한 사절

다른 제자도 무덤 안으로 들어가서,

증거를 보고 믿었습니다.

요한복음 20:8

빈 무덤은 부활 이해에 꼭 필요한 이야기입니다. 정경^{正經} 사복음서의 일관된 증언입니다. 빈 무덤은 위대한 사절^{謝絶,} a great "no"의 경험입니다. 인간이 할 필요도 없고, 사실 할 수도 없는 일을 빈 무덤이 보여줍니다. 나는 하나님을 도와줄 필요가 없습니다. 그분이 알아서 하십니다. 나는 그분의 시신을 지킬 필요가 없습니다. 그분을 적들에게서 보호할 필요가 없습니다. 나는 그분을 관리하거나 변호할 필요가 없습니다. 그분에게 다음번 필요한 조치를 알려 줄 필요도 없습니다.

무덤은 비어 있습니다. 그래서 나는 집에 가도 됩니다. 나는 내가 부름받고 명령받은 일에 힘쓰면 됩니다.

온기와 햇빛

그 얼굴은 해가 힘 있게 비치는 것 같더라.

요한계시록 1:16, 개역개정

계시의 산에서 돌아온 모세의 얼굴은 사람들이 쳐다볼 수 없을 정도로 광채가 났습니다. 제사장의 축도에 이런 부분이 있습니다. "여호와는 그 얼굴로 네게 비취사 은혜 베푸시기를 원하며."^{민 6:25} 그리스도 안에서 하나님의 복은 빛나는 얼굴로 내게 다가옵니다. "그 얼굴은 해가 힘 있게 비치는 것 같더라." 그리스도 안에 계신 하나님은 온기요 햇빛입니다.

잘하였도다

아침에 일하러 나가면 저녁까지
시계도 보지 말고 네 일에 전념하여라.
전도서 11:6

어떤 일이든 충성스럽게 잘하려면 어렵습니다. 내 일이
라고 남의 일보다 더 어려운 것도 아니고 쉬운 것도 아닙니다.
기독교적 의미에서 쉬운 일이란 없습니다. 충성스럽게 하는
일과 건성으로 하는 일, 기쁨으로 하는 일과 원망하며 하는 일
이 있을 뿐입니다.

큰소리로 칭찬하다

교회의 사자에게 편지하라.

아멘이시요 충성되고 참된 증인······이신 이가 이르시되.

요한계시록 3:14, 개역개정

2세기 중엽(주후 150년경) 순교자 유스티누스는 기독교 예배를 설명하면서, 기도란 언제나 회중의 우렁찬 아멘으로 끝난다고 말했습니다. 그는 풍부하고 열정적인 한 단어로 그들의 아멘을 표현합니다. '큰소리로 칭찬하다'라는 뜻의 에페유페메이^{epeuphemei}라는 단어입니다. 하나님이 장차 기도를 응답하실 뿐 아니라 그리스도 안에 이미 응답이 있다는 확신을 잘 표현한 말입니다.

우리를 향한 하나님의 "예"에 번복이란 없습니다. 그것은 우리를 구원하신 어린양의 "예", 우리를 창조하신 왕의 "예"입니다. 우리 그리스도인들이 "아멘"을 말하거나 노래하거나 소리칠 때 하나님은 자신의 "예"에 대한 우리의 명쾌한 동의를 들으십니다.

5

하나님은
자기 영광을 위해
한 백성을
만드시는 중입니다

구두로 그리고 기록으로

말씀이 육신이 되어 우리 가운데 거하시매

우리가 그의 영광을 보니.

요한복음 1:14, 개역개정

그리스도인은 하나님이 말씀하시며 그 말씀의 결과로 모든 것이 생겨난다고 믿습니다. 자연과 초자연, 창조 작품과 언약 관계, 결국 성경까지 그분 말씀으로 생겨납니다. 하나님 말씀은 우주를 존재케 합니다. 하나님 말씀은 용서를 이룹니다. "그가 말씀하시매 이루어졌으며."^{시 33:9} 맨 첫 말도 하나님이 하셨고 맨 마지막 말도 하나님이 하십니다. 그 중간의 모든 말도 하나님이 우리에게 선물로 주신 어휘와 문법을 따라 됩니다……

하나님 말씀은 먼저 구두로 된 후에 기록으로 바뀌었습니다. 예수님 경우도 그렇습니다. 사람들은 먼저 그분을 보고 만지고 들은 후에 그분에 관해 기록했습니다.

하나님의 싸움

하나님께서 마침내 만물과 모든 이들을 다스리실 때,
그 아들도 모든 이들의 자리로 내려가 그들과 함께 서서
하나님의 통치가 미치지 않는 곳이 없음을
증명해 보이실 것입니다.
완벽한 결말이 아닐 수 없습니다!

고린도전서 15:28

하나님은 뭘 하고 계십니까? 그분은 구원하고 계십니다.
건지고 계십니다. 복 주고 계십니다. 공급하고 계십니다. 심판
하고 계십니다. 치유하고 계십니다. 가르치고 계십니다. 영적
전쟁이 벌어지고 있습니다. 도덕적 전면전입니다. 악과 잔인
함, 불행과 질병이 있습니다. 미신과 무지, 만행과 고통이 있
습니다. 하나님은 이 모두에 대항하여 맹렬히 지구전을 펼치
십니다.

하나님은 생명을 위하시고 죽음을 대적하십니다. 하나
님은 사랑을 위하시고 증오를 대적하십니다. 하나님은 희망
을 위하시고 절망을 대적하십니다. 하나님은 천국을 위하시
고 지옥을 대적하십니다. 우주에 중립 지대란 없습니다. 우주
의 한뼘 한뼘마다 쟁취해야 할 영토입니다.

넘쳐흐르는 기쁨

무거운 마음을 지고 떠났던 이들,
한 아름 복을 안고 웃으며 돌아오게 하소서.
시편 126:6

기독교의 기쁨은 슬픔의 비상구가 아닙니다. 고통과 고난은 여전히 오지만 구원받은 자의 행복을 몰아낼 수 없습니다.

기쁨은 우리가 만들어 내는 것이 아니라 하나님이 주시는 것입니다. 웃음은 하나님을 사랑하는 자에게 모든 것이 합력하여 선을 이루고 있음을 아는 즐거움입니다. 웃음은 방어 체제가 불안하고 어정쩡해서 새어나오는 낄낄거림이 아닙니다. 기독교 제자도가 안겨 주는 기쁨은, 나 자신이 아닌 하나님께 대한 좋은 감정에서 넘쳐흐르는 기운입니다. 그분의 길은 든든하고 그분의 약속은 확실함을 우리는 경험합니다.

하나님이 필요하다

기도로 살아온 인생, 내가 하나님께 기도드리며
그분의 말씀과 그분이 행하실 일을 기다린다네.

시편 130:5

우리 삶에는 내 힘으로 족한 구석이 하나도 없습니다. 우리는 하나님이 필요합니다. 하나님이 필요치 않는 발육 상태나 졸업이란 우리에게 없습니다. 언젠가 나는 이디시어語 이야기꾼의 달인 아이작 바쉐비스 싱어가 라디오 인터뷰에서 이렇게 말하는 것을 들었습니다. "나는 문제가 있을 때만 기도합니다. 그런데 나는 항상 문제가 있습니다. 그래서 항상 기도합니다."

성경의 계시 어디를 보아도, 기도 제목을 가지고 하나님께 오라는 권면 일색입니다. 하나님은 후하셔서 은혜가 떨어지지 않습니다. 하나님은 주는 것을 기뻐하십니다. 그것이 그분의 주특기입니다.

자유의 이야기

너희가 내 말을 붙들고 내 말대로 살아가면,

……진리가 너희를 자유롭게 할 것이다.

요한복음 8:31-32

　　모든 그리스도인의 이야기는 자유의 이야기입니다. 옹졸한 생각의 울타리에서, 남의 눈을 의식하는 사슬에서, 죄책과 후회의 감정적 새장에서, 죄로 하나님과 분리된 자아의 감옥에서 그 사람이 어떻게 자유를 얻었는지 들려주는 이야기입니다. 우리는 변화의 자유를 얻었습니다. 변화의 과정은 언제나 좋은 이야기지만 깔끔한 공식은 절대 아닙니다.

　　우리는 공식을 더 좋아합니다. 하지만 자유는 공식으로 오지 않습니다. 자유란 자아와 역사의 온갖 복잡하고 모호한 요소들 속에서 전개되는 하나의 이야기입니다.

경청

눌린 사람들에게 몸을 굽혀 손을 내미십시오.
그들의 짐을 나누어 [지]십시오.
갈라디아서 6:2

오늘 세상에는 경청敬聽이 달립니다(절대 부족합니다). 들어 주는 사람을 만나기 어렵습니다. 경청이란 집중을 요하는 힘든 일입니다. 나는 그 일을 피하기가 얼마나 쉬운지 압니다. 바빠지면 됩니다. 예컨대 병원에서 환자를 심방할 때면 나는 앞으로도 만날 환자가 열이나 더 있음을 그에게 미리 알립니다.

말하는 일은 듣는 일만큼 내면의 집중을 요하지 않습니다. 나 자신에게 던지는 질문은 "이번 주에 몇 사람에게 예수님 애기를 했느냐?"가 아니라 "이번 주에 예수님 안에서 몇 사람의 말을 들어주었느냐?"입니다.

바쁘면 들을 수 없습니다.

우리가 듣는 말

하나님, 내가 거리에서 소리 높여 주께 감사드리고.

시편 108:3

시편 기자들은 인간의 잠재력에 관심이 없습니다. 그들의 열정은 하나님께 있습니다. 순종을 빚으시고 의지를 변화시키시고 죄를 꾸짖으시고 찬양을 이끌어 내시는 하나님께 있습니다.

시편을 쓴 사람들은 하나님의 음성을 듣고서 그것이 평생에 들을 가장 중요한 말임을 안 자들입니다. 그들은 반응을 결단합니다. 그들은 응답합니다. 그들이 하나님께 듣는 말은 인간의 지혜, 인간의 충고, 인간의 담화, 인간의 질문, 인간의 모든 말보다 위에 있습니다.

보통 교회

5
/
8

만물을 화해시키시고 온전하게 하시는 하나님,
필요한 모든 것을 공급해 주셔서
그분의 기쁨이 되게 해주시기를.

히브리서 13:20-21

하나님은 교회가 취할 형태로 보통 교인들을 택하셨습
니다. 어중이떠중이 같은 사람들이 일요일마다 예배당에 모
여 마음에 안 드는 노래 몇 곡을 건성으로 부르고, 설교도 자
신의 소화 상태와 설교자의 음량에 따라 그저 듣는 둥 마는 둥
합니다. 교회 사업을 운영하는 하고많은 방식 중에도 이는 가
장 터무니없는 것입니다.

하지만 예배당의 그 사람들은 또한 고난으로 아파하는
자들입니다. 그 고난 속에서 하나님을 찾는 자들입니다. 사랑
으로 헌신하고, 시련과 유혹 중에도 그 헌신을 지키며, 성령의
열매를 맺어 주변 사람들에게 복을 끼치는 자들입니다.

하나님은 우리를 부르신다

우리가 아직 죄인 되었을 때에
그리스도께서 우리를 위하여 죽으심으로
하나님께서 우리에 대한 자기의 사랑을 확증하셨느니라.
로마서 5:8, 개역개정

하나님의 능력과 사랑에 대한 주도면밀한 논증이 설령 최강의 논리를 갖추었다 해도, 그것이 한 인간으로 하여금 실제로 하나님을 처음 믿고 체험하게 하는 계기가 되기는 힘듭니다. 실상은 이렇습니다. 사람들은 자기를 대하시는 하나님을 인격적으로 경험할 때 그분을 믿습니다. 자기가 받아들여질 만한 사람이 아님에도 하나님이 그리스도를 통하여 받아주심을 깨닫는 것입니다.

하나님은 우리를 부르십니다. 그래서 우리는 응답합니다. 하나님은 우리를 용서하십니다. 그래서 우리는 그 용서를 받아들입니다. 하나님은 믿음이 우러나도록 우리를 대하십니다. 그래서 우리는 그분을 믿습니다.

내 뜻대로 마시고

이르시되 아버지여,
만일 아버지의 뜻이거든 이 잔을 내게서 옮기시옵소서.
그러나 내 원대로 마시옵고
아버지의 원대로 되기를 원하나이다 하시니.
누가복음 22:42, 개역개정

　더 잘사는 길이 있다고 오늘 수많은 목소리가 집요하게 우리를 '격려'합니다. 격려라면 나도 좋습니다. 하지만 그 격려에 따라오는 처방은 사회의 해악을 전혀 없애지 못합니다. 나는 그 처방에 결사반대합니다. 자기 욕망을 채우면 인간의 잠재력이 십분 발휘될 수 있다는 처방입니다. 그 말대로 했다가 불행에 빠진 사람들이 부지기수입니다.

　이 문제에 대한 성경의 처방은 분명합니다. "내 원대로 마시옵고 아버지의 원대로 되기를 원하나이다."

때에 맞는 "아니요"

악은 필사적으로 피하십시오.
선은 필사적으로 붙드십시오.
로마서 12:9

"아니요"를 말하는 능력은 인간 언어의 가장 멋진 일면 가운데 하나입니다. 이 부정^{否定} 대답은 자유의 관문입니다. 오직 인간만이 "아니요"를 말할 수 있습니다. 동물들은 "아니요"를 말할 수 없습니다. 동물들은 본능이 시키는 대로 합니다. 사리분별이 되는 때에 맞는 "아니요"는 우리를 많은 막다른 골목, 험한 우회로에서 벗어나게 합니다. 맥 빠지는 방해거리, 매혹적인 불경함^{sacrilege}에서 자유롭게 합니다. "아니요"를 말하는 기술은 우리에게 예수님을 따를 자유를 가져다줍니다.

예수님을 따른다는 것은, 내 충동과 욕심과 변덕과 꿈을 따르지 않는다는 뜻입니다. 그것들은 모두 죄의 심각한 피해를 입었기에, 나를 좋은 데로 데려갈 길잡이로는 자격 미달입니다.

영광의 세계

주님의 사랑에 감사하고 주님의 성실하심에 감사합니다.

시편 138:2

다윗은 언약궤 앞에서 앞뒤 가리지 않고 흥겹게 춤췄습니다. 다윗이 춤춘 이유는 무엇입니까?

다윗은 평생 위험하게 살았습니다. 사자와 곰, 조롱하는 거인과 살의를 품은 왕, 약탈하는 블레셋과 교활한 아말렉, 광야의 동굴과 시내, 그리고 하나님. 그는 달리고 숨고 기도하고 사랑했습니다. 이 모든 상황 속에서 다윗은 하나님 앞에 사는 법을 배웠습니다. 투명하고 담대하게, 믿음과 기쁨으로.

하나님 안에서 다윗은 자신의 판단력과 통제력 너머의 삶에 들어섰습니다. 그는 신비의 세계, 영광의 세계에 살았습니다. 그래서 그는 춤췄습니다.

문제를 직시하라

분을 내어도 죄를 짓지 말며.

에베소서 4:26, 개역개정

"분을 내라." 좋기만 한 날은 없습니다. 일이 틀어집니다. 어떤 일은 항상 틀어집니다. 악의와 원한과 모욕 때문일 때도 많습니다. 나빴던 일을 정면으로 직시하십시오. 분을 내십시오. 자신에 대해서든 남에 대해서든 공연히 둘러대지 마십시오. 문제를 대충 얼버무리지 마십시오. 분을 내는 것이 좋습니다. 단 "죄는 짓지 말라." 분노에 복수를 꾀하는 것은 당신의 소관이 아닙니다. 그런다고 잘못이 고쳐지지 않습니다. 세상의 잘못은 하나님의 소관입니다.

중간 시대의 삶

> 주 하나님이 이르시되 나는 알파와 오메가라.
> 이제도 있고 전에도 있었고 장차 올 자요.
>
> 요한계시록 1:8, 개역개정

우리는 모든 일의 시작에 하나님이 계심을 믿습니다. 모든 삶의 끝에도 하나님이 계심을 믿습니다. 요한은 그것을 "알파와 오메가"라는 인상적인 구호로 표현했습니다.^{계 1:8} 우리가 다 아는 대로 시작은 좋았습니다("하나님이 지으신 그 모든 것을 보시니 보시기에 심히 좋았더라"). 우리가 다 믿는 대로 끝도 좋을 것입니다("또 내가 새 하늘과 새 땅을 보니").

시작도 좋고 끝도 좋으니 중간도 전부 좋을 만도 합니다. 그러나 사정은 그렇지 못합니다. 우리는 한쪽 부모에게 거부당합니다. 타인의 부주의에 상처를 입습니다. 심히 좋게 창조되었고 마침내 하나님의 설계대로 완성될 삶 속에 이 모든 일이 벌어집니다.

지저분한 죄

주께서 네 모든 죄 용서하시고.

시편 103:3

용서는 묵과와 정죄 사이의 중도가 아닙니다. 용서는 너그러움과 엄함의 균형이 아닙니다. 용서는 둘을 수용하고 하나를 처벌하는 식의 혼합 조제가 아닙니다. 용서란 전혀 다른 것입니다. 용서란 하나님이 죄를 다루시는 방식입니다.

용서란 하나님이 예수 그리스도를 통해 우리에게 해주시는 일입니다. 그렇게 봐야만 용서를 제대로 이해할 수 있습니다. 용서는 인간의 행위가 아닙니다. 내 죄로 입힌 피해를 보상하려고 내가 하는 일이 아닙니다. 용서는 하나님의 행위입니다. 내 지저분한 죄를 처리하시려고 하나님이 하시는 일입니다. 우리가 베푸는 용서는, 어디까지나 하나님이 예수 그리스도 안에서 행하시는 일에 동참하는 차원에 지나지 않습니다.

예수님 안에서 일하시는 하나님

하나님을 네 일의 책임자로 모셔라.
그러면 계획한 일이 이루어질 것이다.

잠언 16:3

　　무엇보다 먼저 우리는 하나님이 일하시는 우주와 역사 속에 살고 있습니다. 일은 하나님의 활동입니다.

　　성경 도처에 하나님의 일이 규정되고 설명됩니다. 창조의 원형, 구속의 행위, 도움과 긍휼의 모범, 위로와 구원의 틀이 나옵니다. 그리스도인들이 성경을 주의 깊게 반복해서 읽는 이유 중 하나는, 하나님이 예수 그리스도 안에서 어떻게 일하시는지 알기 위해서입니다. 그래야 우리도 예수 그리스도의 이름으로 일할 수 있습니다.

하나님의 백성

우리는 진흙, 주님은 우리의 토기장이십니다.
우리는 다 주의 작품입니다.

이사야 64:8

하나님은 자기 영광을 위해 한 백성을 만드시는 중입니다. 하나님의 백성, 하나님의 형상대로 지음받은 백성들입니다.

모든 인간은 필연과 자유의 분리할 수 없는 연합입니다. 하나님의 일에 한몫 거드는 데 쓸모없는 인간은 아무도 없습니다. 누구와도 다르게 자기만의 특별한 선과 색과 형체를 지니지 않은 인간도 아무도 없습니다.

하나님은 당신의 영원한 뜻에 따라 우리를 빚으십니다. 거기가 그분의 출발점입니다. 우리의 원재료인 진흙과 그 결과물인 하나님의 형상은 둘이 아니라 하나입니다.

믿음으로 산다

아무 희망이 없었음에도 불구하고,
아브라함은 믿었습니다.

로마서 4:18

아브라함이 위험을 무릅쓰고 나선 광야에 화살표가 그
려져 있었습니까? 하나님 마음에 드는 법을 단계별로 일러 주
는 설명서가 그에게 있었습니까? 아닙니다. 그는 믿음으로 살
았습니다.

믿음의 조상이 되는 대장정에 오를 때 아브라함은 목표
가 잘 설정된 24단계 계획이 있었습니까? 아닙니다. 그 길에
는 지체와 중단과 우회와 실패가 있었습니다. 그가 늘 제대로
간 것은 아닙니다. 의심, 죄, 절망 없는 삶이 아니었습니다. 그
러나 그는 갔습니다. 그는 따르고 자백하고 기도하고 믿었습
니다. 그에게 하나님이 살아 계셨습니다. 하나님은 그의 중심
이었습니다.

은혜를 보려는 마음

내가 기도할 때에 기억하며
너희로 말미암아 감사하기를 그치지 아니하고.
에베소서 1:16, 개역개정

에베소 교인들에게 편지를 쓰면서 바울은 말합니다. "이로 말미암아 주 예수 안에서 너희 믿음과 모든 성도를 향한 사랑을 나도 듣고 내가 기도할 때에 기억하며 너희로 말미암아 감사하기를 그치지 아니하고."^{엡 1:15-16} 에베소 교회의 죄인 비율이 현대 교회와 같다고(곧 100퍼센트라고) 보았을 때, 그런 감사를 가능케 한 바울의 교인들을 부러워한다면 그것은 잘못입니다. 그보다는 그들 안에서 일하시는 하나님을 볼 줄 아는 바울의 능력에 감탄하는 것이 낫습니다. 그는 은혜를 보려는 뜨거운 마음이 있었습니다.

사랑이란 성장이다

그리스도를 경외하는 마음으로,
서로 예의 바르고 공손하게 대하십시오.
에베소서 5:21

사랑은 우리를 새 땅으로 데려갑니다. 새 땅을 탐험하려면 옛 땅을 떠나야 합니다. 이전 수준의 성취와 관계를 버리고 새 수준으로 자라야 합니다. 모든 사랑의 행위는 자아의 모험입니다. 사랑에는 보장이 없습니다. 얼마든지 잘못될 수 있습니다. 상처받을 수 있습니다. 거부당할 수 있습니다. 속을 수 있습니다. 그러나 이런 위험을 감수하지 않는다면 옛 틀의 되풀이, 옛 즐거움의 반복밖에 있을 수 없습니다.

성장하지 않는 자아는 자기가 될 수 없습니다. 하나님의 형상대로 지음받은 피조물에게 성장한다는 것은 곧 사랑하는 것입니다.

좀 더 살아 있는 존재

전혀 새로운 생활방식을 입으십시오.
하나님께서 그분의 성품을 여러분 안에
정확하게 재현해 내시는 것같이,
하나님께서 만들어 주신 생활……을 몸에 익히고.
에베소서 4:24

일찍이 플리니는 말하기를, 로마인들은 건물을 아름답게 짓지 못하면 크게라도 짓는다고 했습니다. 지금도 그런 일이 다반사입니다. 우리는 잘할 수 없으면 크게 부풀립니다. 수입 금액을 늘리고 집 평수를 늘리고 일정표의 활동을 늘리고 달력의 약속을 늘립니다. 그렇게 늘어날 때마다 삶의 질은 떨어집니다.

반면 내 삶의 일부를 군중에서 끌어내어 하나님의 부르심에 응답할 때마다, 우리는 그만큼 더 자기다워지고 더 인간다워집니다. 군중의 관습을 거부하고 믿음의 훈련에 임할 때마다 우리는 좀 더 살아 있는 존재가 됩니다.

하나님의 형상대로

주님은 나의 하나님이시니
주님이 기뻐하시는 삶 살도록 가르쳐 주소서.

시편 143:8

창조의 조건대로 살 때에만 인생을 제대로 살 수 있습니다. 하나님은 사랑하시고 우리는 사랑받고, 하나님은 지으시고 우리는 지음받고, 하나님은 계시하시고 우리는 깨닫고, 하나님은 명하시고 우리는 반응하는 것, 그것이 창조의 조건입니다.

그리스도인이 된다는 것은 창조의 조건을 수락하는 것입니다. 하나님을 내 창조주와 구원자로 받아들이고 날마다 그리스도 안에서 점점 더 영광스런 피조물로 자라 가는 것입니다. 하나님의 형상대로 지음받은 경이를 맛보며 기쁨을 누리는 것입니다.

솔직한 접근 방식

내 이름을 경외하는 너희에게는
공의로운 해가 떠올라서 치료하는 광선을 비추리니.
말라기 4:2, 개역개정

그리스도인의 삶의 일차적 과제는 죄를 피하는 것이 아
니라 죄를 인식하는 것입니다. 죄를 피하는 것은 어쨌든 불가
능합니다. 어디까지나 우리는 죄인입니다. 그런데 죄에는 엄
청난 양의 자기기만이 들어 있습니다. 여기에 마귀의 속임수
까지 더해지면 죄를 인식하는 과제는 더욱 어려워집니다.

그래서 죄에 대한 우리의 접근 방식은 경고나 위협이 아
니라 솔직해지자는 권고입니다. 밖으로 나와 "공의로운 해"를
맞이하라는 권유입니다. 그 해에서 "치료하는 광선"이 나옵
니다.

상처 중의 솔직함

네 근심 하나님의 어깨 위에 올려놓아라.
그분께서 네 짐 지고 너를 도우시리라.
선한 이들이 쓰러져 파멸하는 것을,
그분 결코 그대로 두지 않으시리라.

시편 55:22

할렐루야가 터져 나올 때 하나님 앞에 솔직하기란 쉽습니다. 상처가 있을 때 솔직하기란 조금 어렵습니다. 어두운 증오의 감정 속에서 하나님 앞에 솔직하기란 불가능에 가깝습니다. 그래서 우리는 대개 부정적 감정을 억압합니다. 그러나 하나님 백성의 고전 기도서인 시편을 가지고 기도하노라면, 감정의 억압이 허사임을 알게 됩니다. 우리는 주관적 내 모습이나 당위적 내 모습이 아닌 실제의 내 모습으로 기도해야 합니다.

기도란 전부 달콤하고 밝지만은 않습니다. 기도란 내 추한 감정을 보기 좋게 가리는 것이 아니라, 오히려 드러내어 하나님 나라의 일에 선하게 사용하는 것입니다.

하나님은 빛이시다

빛이 어둠에 비치되 어둠이 깨닫지 못하더라.
요한복음 1:5, 개역개정

인간이 아무리 어둠에 익숙해질 줄 안다 해도 어둠이 제 집처럼 편한 사람은 아무도 없습니다. 우리는 양초, 횃불, 손전등, 램프 같은 장치를 고안하여 어둠을 덜 무섭게 만듭니다. 어둠 속에 있으면 바른 시각과 균형 감각을 잃기 쉽습니다. 악몽에 기겁하고 공포에 얼어붙습니다.

그러나 어둠에 빛이 들면, 공포와 혼돈에 객관적 실체가 없음이 밝혀집니다. 설령 두려운 죄악이 있다 해도, 두렵지 않은 모든 것과 비례하는 관계 속에 보입니다. 빛 때문입니다.

우리는 어둠 속에 살지 않고 빛 가운데 삽니다. 하나님은 빛이십니다.

보좌에 둘린 믿음의 삶

또 보좌에 둘려 이십사 보좌들이 있고 그 보좌들 위에
이십사 장로들이 흰 옷을 입고 머리에 금관을 쓰고 앉았더라.
요한계시록 4:4, 개역개정

24장로는 열둘의 배수입니다. 히브리의 열두 지파와 기독교의 열두 사도, 옛 이스라엘과 새 교회를 가리킵니다.

고금을 통해 믿음의 삶으로 하나님께 드려진 모든 것이 보좌 둘레에 모입니다. 야곱의 아들들의 이름을 딴 이스라엘 지파들의 제사와 순종, 말씀 선포와 찬양, 회개와 봉헌. 그리고 예수님의 보냄을 받은 열두 사도들의 치유와 축복, 구제와 도움, 구원과 전파. 모두가 중심 되신 그분 둘레에 모입니다.

교만을 부추기는 세상

사람의 순수함은 조금만 이름이 나면 알 수 있다.

잠언 27:21

우리 조상들은 겸손이란 강인하게 단련된 불굴의 인간 정신이라 믿었습니다. 그들은 겸손이 어렵다는 것을 알았습니다. 겸손을 갈구하고 고백하는 이들조차 자칫 실전에서 겸손을 변질시킬 소지가 아주 높음을 그들은 알았습니다.

현대인들은 그나마 가짜 겸손조차 다 내다버렸습니다. 자기 주장을 훈련하는 워크숍과 목표 지향적 관리 세미나가 우리를 가만두지 않습니다. 주변에 영향력을 행사할 수 있다고 장담하는 온갖 기법들이 난무합니다. 그중 거의 전부가, 알고 보면 교만을 부추깁니다. 단지 미묘하냐 노골적이냐의 차이일 뿐입니다.

구원의 굳은 결의

하나님이 세상을 이처럼 사랑하사 독생자를 주셨으니
이는 그를 믿는 자마다 멸망하지 않고
영생을 얻게 하려 하심이라.
요한복음 3:16, 개역개정

히브리어 단어 '구원'의 어원적 의미는 '넓다, 널찍해지다, 넓히다'라는 뜻입니다. 눌리고 갇히고 오그라드는 실존에서 벗어난다는 의미가 담겨 있습니다.

구원은 역사의 줄거리입니다. 구원은 성경의 가장 총괄적인 주제입니다. 구원은 인류의 재앙을 넘어서고 초월합니다. 구원은 피조물을 구하시려는 하나님의 굳은 결의입니다. 구원은 세상을 회복하시는 하나님의 활동입니다. 구원은 인격적이자 비인격적입니다. 구원은 영혼을 상대하고 도시를 상대합니다. 구원은 죄와 병을 만집니다. 누구, 무엇, 언제에 대한 미세한 구별이 없습니다. 구원은 잃어버린 바 된 세상 전체에 침투하고 스며들어, 부르고 간청합니다.

하나님이 말씀하시면

여호와께서 내 주에게 말씀하시기를……
여호와는 맹세하고.
시편 110:1, 4, 개역개정

초기 기독교 공동체에 널리 사용된 시편 110편은, 자아의 중심을 말씀하시는 하나님께 둡니다. 그들은 세상이 잘못됐다는 것과 뭔가 조치가 필요하다는 것을 알았습니다. 자기들의 선행과 선의는 흠투성이라 오히려 문제를 악화시킬 뿐이라는 것도 알았습니다.

그러니 어찌할 것입니까? 그들은 시편 110편으로 기도했습니다. 이 시를 통해 그들은 내가 누구이며 세상에서 내 자리가 어디인지 알았습니다. 이 시에 선포된 세상은 하나님이 말씀하시면 그대로 되는 세상입니다.

행위로 아니라

사람이 의롭게 되는 것은 율법의 행위로 말미암음이 아니요
오직 예수 그리스도를 믿음으로 말미암는 줄 알므로.

갈라디아서 2:16, 개역개정

어떤 면에서 그리스도인들은 신앙심이 가장 적은 사람
들입니다. 우리는 믿지 않는 것이 너무 많습니다! 우리는 행
운의 부적과 점괘와 운명을 믿지 않습니다. 우리는 세상의 약
속과 세상의 저주를 믿지 않습니다. 우리는—깜짝 놀랄 사람
들도 있겠지만!—선행을 믿지 않습니다.

바울은 율법의 행위로 안 된다는 말을 한 구절에 세 번이
나 반복합니다. "율법의 행위"의 의미는 아주 분명합니다. 하
나님의 인정을 얻으려고 하는 행동을 뜻합니다. 파멸을 면하
기 위한 종교적·도덕적 활동을 뜻합니다. 누가 보기 때문에
혹은 하나님이 보시기 때문에 행하는 선행이나 종교적 행동
입니다.

침묵은 필수다

주님은 나의 은밀한 피난처이시니,
내가 바라는 것은, 주님의 말씀이 나를 새롭게 하는 것입니다.
시편 119:114

침묵 기도는 할 말이 떨어질 때 찾아오는, 소리의 부재가 아닙니다. 수줍어 당혹스럽게 말문이 막히는 것도 아닙니다. 침묵 기도는 적극적이고 풍성한 것입니다. 하나님께 내 말을 하기보다 내게 들려주실 그분 말씀에 더 관심을 두는 것입니다. 내 쪽에서 말하기보다 하나님 말씀 듣기를 더 좋아하는 것입니다.

기도에 말은 필수지만 일부일 뿐입니다. 침묵도 필수입니다.

6

우리가
상대할 분은
언제나
하나님이십니다

거룩한 계획

너를 모태에서 빚기 전부터 나는 이미 너를 알고 있었다.
네가 태어나 햇빛을 보기 전부터
이미 너에 대한 거룩한 계획을 세워 두었다.

예레미야 1:5

우리는 하나님에 대해 호기심이 있습니다. 하나님에 대해 알아봅니다. 하나님에 대한 책을 읽습니다. 하나님에 대한 심야 자유토론에 동참합니다. 하나님의 근황을 살피려고 가끔씩 교회에 갑니다. 간혹 석양이나 교향악에 취하여 하나님께 외경의 마음을 품어 보기도 합니다.

그러나 하나님과 함께하는 삶의 실체는 그것이 아닙니다. 우리가 하나님이란 주제에 관심을 갖기 오래 전부터, 하나님이 중요할지도 모른다는 생각이 우리한테 아예 들기도 전부터, 그분은 우리를 중요한 존재로 지목하셨습니다. 우리가 모태에 지어지기도 전부터 그분은 우리를 아셨습니다.

오랜 순종

나는 하나님께서 우리를 손짓하여 부르시는 그 목표,
곧 예수만을 바라볼 뿐입니다.

빌립보서 3:14

모두가 성급합니다. 나와 함께 예배드리고 상담하고 기도하고 설교를 듣고 교육을 받는 사람들 모두가 지름길을 원합니다. 그들은 작성하는 즉시 신용이 생겨나 영원이 보장되는 서류를 원합니다. 참지 못하고 속전속결을 원합니다.

그러나 그리스도인의 삶은 그런 조건에서 자랄 수 없습니다. 프리드리히 니체는 이 시대의 영적 진상을 명쾌히 꿰뚫어 보고 이렇게 말했습니다. "천지에 꼭 필요한 것이 있으니, 곧 일편단심의 오랜 순종입니다."

여호와께서 통치하시니

여호와께서 다스리시니 스스로 권위를 입으셨도다.
시편 93:1, 개역개정

알게 모르게 인간은 지금 이 순간도 하나님의 통치 아래 살고 있습니다. 어떤 사람들은 반항하며 삽니다. 도전적인 반항도 있고 무지에서 나온 반항도 있습니다. 어떤 사람들은 순종하며 삽니다. 마지못한 순종도 있고 마음에서 우러난 순종도 있습니다. 어쨌든 하나님의 통치를 떠나 사는 사람은 아무도 없습니다.

이 통치는 단 하루도 운행 중단이 없습니다. 일주일은 주의 날 하루와 인간의 날 엿새로 구분되지 않습니다. 주의 날에는 하나님의 통치가 인정되고 인간의 날에는 공장과 증권 거래소와 국회와 언론 명사들과 군사 정권이 장악하여 통치하는 것이 아닙니다.

인간이 아무리 무지하거나 무관심해도 하나님의 통치는 약화되지 않습니다. 오늘도 내일도 "여호와께서 다스리시니."

하나님의 일에 동참함

수고한 다음에야 이득이 생기는 법.

잠언 14:23

태초에 하나님은 출근하셨습니다. 예배로 완성되는 엿새 단위의 근로 주간은 창조의 영성 전체의 틀이며, 거기서 하나님은 일꾼의 역할로 나옵니다.^{창 1:1-2:4} 두 번째 창조 기사를 보면, 남자와 여자도 일꾼으로 동산에 배치됩니다. 창조주께 업무를 할당받은 근로자들로 나옵니다.^{창 2장}

일이란 우리 영성이 처한 가장 기본적인 정황입니다. 아이들의 놀이는 대부분 어른이 되어 할 일의 연습입니다. 놀다 보면 그것이 어른의 일이 되며, 게임은 도제의 과정이 됩니다. 영적인 삶은 우리가 취직하여 출근할 때 시작됩니다. 진지하게 시작됩니다.

일이란 하나님의 일에 동참하는 것입니다. 그 동참에 성령께서 기름부으십니다.

온전케 하심

> 내 어머니의 태로부터 나를 택정하시고
> 그의 은혜로 나를 부르신 이가 그의 아들을……
> 내 속에 나타내시기를 기뻐하셨을 때에.
> 갈라디아서 1:15-16, 개역개정

하나님은 예수님의 모습으로 바울에게 자신을 계시하셨습니다. 이를테면 이렇게 말씀하신 셈입니다. "듣거라, 바울. 너는 핵심을 잘못 알고 있다. 너는 생각도 좋고 신학도 그만하면 똑똑하고 성실성도 흠이 없다만 핵심을 잘못 알고 있다. 너는 종교가 이치를 깨우쳐 실천하는 문제인 줄 안다만 그렇지 않다. 종교란 하나님이 해주시는 대로 받는 것이다. 너를 사랑하시고 구원하시고 복 주시고 네게 명하시도록 가만히 있는 것이다. 네가 할 일은 보고 믿는 것, 기도와 순종이다. 우선 시작으로, 예수의 모습으로 네게 나를 보이겠다. 내게 중요한 것은 너와 함께하는 것, 너를 온전케 하는 것이다. 예수 안에서 너는 그것을 보게 될 것이다."

하나님을 믿는 근거

우리가 사랑함은 그가 먼저 우리를 사랑하셨음이라.

요한일서 4:19, 개역개정

실존의 핵심이 걸린 문제일수록 우리는 시연^{demonstration}을 통해 배웁니다. 나를 위해 실행에 옮겨지는 진리를 보고 배웁니다. 하나님은 예수 그리스도 안에서 시연하셨습니다. 그분이 먼저 하셨기에 우리도 따라할 수 있습니다. 요한은 그것을 이렇게 표현합니다. "우리가 사랑함은 그가 먼저 우리를 사랑하셨음이라."

그리스도인이 하나님을 믿을 수 있는 것은 당연히 그래야 한다는 논리적 설득력 때문이 아닙니다. 그것은 먼저 내가 하나님께 사랑과 수용과 믿음의 대우를 받았기 때문입니다. 사랑과 수용과 믿음을 받을 자격도 없는 내가 말입니다.

순종의 행위

하나님은 위대하시니, 수천 번 찬양을 받아 마땅하신 분.

시편 96:4

우리는 감정 없는 행동은 진실하지 않다고 생각합니다. 그러나 하나님의 지혜는 다르게 가르칩니다. 감정이 새로운 행동으로 이어지기보다는 행동이 새로운 감정으로 이어지는 편이 훨씬 빠릅니다. 하나님에 대한 감정을 예배 행위로 표현하기보다는 일단 예배 행위를 취하십시오. 그러면 하나님에 대한 감정도 따라옵니다. 하나님을 예배하고 찬양하라는 명령에 순종하면, 하나님과의 관계에 대한 우리의 깊고 본질적인 필요가 채워집니다.

감히 사랑하는 것

우리가 서로 사랑하면 하나님께서 우리 안에 깊이 머무르시고,
그분의 사랑이 우리 안에 완성되어 완전한 사랑이 됩니다.
요한일서 4:12

날마다 나는 사랑에 목숨을 겁니다. 사랑보다 더 서투른 일은 내게 없습니다. 나는 사랑보다 비교에 능합니다. 서로 사랑하는 길을 찾기보다는 본능과 야심에 이끌려 나를 앞세우고 드러내는 쪽에 훨씬 능합니다. 내 손에 넣고 내 뜻을 관철시키는 기술에 관해서라면 나는 숙련된 베테랑입니다. 그럼에도 나는 날마다 가장 잘하는 일을 제쳐 두고 가장 서투른 일을 시도하기로 결단합니다. 좌절과 실패를 무릅쓰고 사랑하는 것입니다. 사랑의 실패가 교만의 성공보다 낫다고 감히 믿는 것입니다.

자기 연민의 해독제

아버지가 자식을 긍휼히 여김같이
여호와께서는 자기를 경외하는 자를 긍휼히 여기시나니.
시편 103:13. 개역개정

자기 연민은 거의 언제나 정확한 사실에 근거합니다. 저
남자의 차가 내 차보다 좋습니다. 저 여자의 남편이 내 남편보
다 자상합니다. 저 사람이 나보다 건강 상태가 좋습니다.

이것의 해독제는 익히 알려진 바와 같이 다만 기도뿐입
니다. 기도의 첫 충동은 대개 자기 연민에서 나옵니다. 그러잖
아도 내 처지가 처량한데 하나님은 측은지심으로 유명한 분
아닙니까. 하여 우리는, 내 자기 연민에 그분까지 동원합니다.
하지만 부질없는 짓입니다. 기도하면 우리의 자기 연민은 더
강하고 건강한 에너지를 만나 저절로 변화됩니다.

하나님 안에 있는 나

자리에 누워 심중에 말하고 잠잠할지어다.

시편 4:4, 개역개정

자리에 누워 심중에 말하십시오. 자신에게 말하십시오. 자신의 말을 들으십시오. 낮 동안 난무하는 음성들 속에서 우리는 자신에게 이방인이 됩니다. 하나님이 창조하신 그 존재를 다시 한번 대면하십시오. 하루를 무사히 보내려고 착용했던 가면을 벗으십시오.

그리고 잠잠하십시오. 더 이상 말이 필요 없습니다. 설명도 자랑도 변명도 필요 없습니다. 그대로 나입니다. 자신이 좋을 수도 있고 싫을 수도 있지만, 그보다 더 중요한 것이 있습니다. 하루의 성취나 실패보다 더 중요한 것이 있습니다. 바로 나 자신입니다. 침묵 속에 단순히 나로 있으십시오. 하나님이 구원으로 부르신 그 사람으로 있으십시오.

하나님을 지향한다

태초에 말씀이 계시니라.
이 말씀이 하나님과 함께 계셨으니
이 말씀은 곧 하나님이시니라.
요한복음 1:1, 개역개정

우리가 막연한 추측을 버리고 계속 하나님을 생각할 수 있으려면 기독교 공동체에 신학자들이 필요합니다.

삶의 가장 깊은 차원에서 우리는 마음과 생각과 힘을 다하여 예배드릴 수 있는 하나님이 필요합니다. 세속의 유전자는 절대 우리에게서 영원을 사모하는 마음을 앗아갈 수 없습니다. 우리의 실존은 하나님께 기원하며 하나님을 지향합니다. 요한은 수많은 신학자들의 최선봉에 있습니다. 하나님과 말씀이 하나이며, 우리가 사는 터전이 지리멸렬한 곳이 아니라 질서의 우주임을, 그들은 훈련된 왕성한 사고로 확증해 줍니다.

축복의 길

하나님을 경외하는 모든 이여, 얼마나 복된가!
쭉 뻗은 그분의 대로를 걸으며 얼마나 행복한가!

시편 128:1

우리가 걷는 길은 많은 이들이 앞서간 제자도의 길입니다. 이는 권태나 절망이나 혼돈의 길이 아닙니다. 비참한 암중모색의 길이 아니라 축복의 길입니다.

이 축복의 삶에 들어서는 데는 무슨 요령도 없고 운도 필요 없습니다. 그저 그리스도인이 되어 믿음의 삶을 시작하면 됩니다. 우리는 하나님을, 나를 지으시고 사랑하시는 분으로 인정합니다. 그리고 그리스도를, 하나님과 살아 있는 관계를 맺는 길로 받아들입니다.

결혼식과 결혼 생활

사랑은 절대로 포기하지 않습니다.
사랑은 자기보다 다른 사람에게 더 마음을 씁니다.

고린도전서 13:4-5

결혼 준비차 나를 찾아오는 커플들에게 내가 자주 해주는 말이 있습니다. "결혼식은 쉽지만 결혼 생활은 어렵습니다." 커플들이 원하는 것은 결혼식 구상이지만, 내가 원하는 것은 결혼 생활 설계입니다. 그들은 들러리들의 설자리를 알고 싶어하지만 나는 용서 계획을 짜고 싶습니다. 그들은 결혼식 음악을 상의하려 하지만 나는 결혼 생활의 감정을 얘기하고 싶습니다.

결혼식 주례라면 눈 감고도 20분이면 할 수 있습니다. 그러나 결혼 생활을 제대로 하려면, 해가 가고 또 가도 눈을 부릅뜨고 정신 바짝 차려 집중해야 합니다.

다양성

> 그분은 무(無)에서 출발해 온 인류를 지으셨고,
> ……넉넉한 시간과 살 만한 공간도 주셨습니다.
> 이는 우리가……실제로 그분을 만날 수 있도록,
> 우리가 하나님을 찾을 수 있도록 하시려는 것입니다.
>
> 사도행전 17:26-27

성경의 창조 기사에 분명히 나오듯이, 창조의 엄청난 다양성은 이것이 더 낫고 저것이 더 못한 그런 문제가 아닙니다. "하나님이 보시기에 좋았더라"라는 말이 후렴처럼 반복됩니다. 다양성이 좋은 것임을 그렇게 차고 넘치게 표현한 것입니다.

하나님이 똑같이 받아 주심을 알기에 우리의 대인 관계는 자유롭습니다. 이제 타인은 두려운 적이나, 잘나서 부러운 존재나, 피해야 할 골칫덩이가 아닙니다. 그리스도 안에서 우리는 모든 사람을 새로운 방식으로 경험합니다. 내가 기죽거나 위축될 두려움 없이 자유로이 수용하고 사랑할 사람으로 경험하는 것입니다.

아침마다 새로우니

나의 피난처

여호와 내 하나님이여, 내가 주께 피하오니.

시편 7:1, 개역개정

다윗의 기도에서 피난처는 좋은 경험을 가리키지만 그를 피난처로 몰아간 상황은 궂은 경험이었습니다. 처음에 그는 생명을 건지려고 달아났습니다. 그러다 도중에 자기가 건지려던 생명을 찾았습니다. 그 생명의 이름은 하나님이었습니다. "하나님은 내 피난처시로다."

늘 있는 일입니다. 신앙의 많은 반전 중에 이는 기본에 속합니다. 어떤 감정이나 행동이나 생각에서 시작하든지, 그것이 우리를 하나님께로 데려갈 수 있습니다. 직접 그럴 수도 있고 우여곡절 끝에 이어질 수도 있습니다. 처음부터 하나님으로 시작하는 경우는 드뭅니다. 우리는 삶이 마주한 상황에서 시작합니다. 돼지우리 같은 집, 걸핏하면 고장나는 차, 심통 사나운 배우자, 고집 센 자녀. 다윗처럼 엔게디 광야에서 절박한 상태로 시작한 우리가, 어느새 자신도 모르게 하나님의 광야에서 환희에 젖어 있습니다.

믿음의 열매

오직 성령의 열매는 사랑과 희락과 화평과 오래 참음과
자비와 양선과 충성과 온유와 절제니
이 같은 것을 금지할 법이 없느니라.

갈라디아서 5:22-23, 개역개정

열매란 억지로 만들거나 제조하거나 꾸며 내는 것이 아닙니다. 열매는 하나님이 창조하시는 신앙생활의 결과입니다.

믿음의 삶을 사는 자에게는 예기치 못한 시간, 뜻밖의 자리에 열매가 맺힙니다. 내 삶에 노력 이상의 과한 결과가 나타나는 것입니다. 열매의 은유는 제격입니다. 열매란 내 노력으로 생산하는 것이 아닙니다. 남한테서 사는 것도 아닙니다. 공로 배지나 금메달이나 파란 리본 같은 선행상도 아닙니다. 열매는 절로 맺힙니다. 그런 열매를 우리는 남에게서 볼 때도 있고 내 안에서 볼 때도 있습니다.

하나님 소관

하나님, 나는 대장이 되려고 애쓰지 않습니다.
……남의 일에 참견하지……않았습니다.

시편 131:1

나는 내 삶이나 다른 사람들의 삶을 주관할 생각이 없습니다. 그것은 하나님 소관입니다. 나는 우주의 의미를 만들어내는 척할 생각이 없습니다. 하나님이 보여주신 의미를 그저 받아들이고 싶습니다. 나는 가정이나 동네나 직장에서 주인공 대우를 해달라며 거들먹거리고 싶지 않습니다. 내 자리를 찾아 내가 잘하는 일을 하고 싶습니다. 주목받으려 아우성치고 교만하게 제 중요성을 과시하던 영혼이 잠잠하고 고요해집니다. 진정으로 제 모습을 찾습니다.

죄는 영적 용어다

북북 문질러 내 죄 씻어 주시고
주님의 세탁기로 내 죄악을 말끔히 제거해 주소서.
시편 51:2

인간 상태의 가장 기본은 하나님입니다. 하나님이 우리를 지으셨습니다. 하나님이 우리를 구원하십니다. 하나님이 우리를 복 주십니다. 하나님이 우리의 필요를 채우십니다. 하나님이 우리를 사랑하십니다. 죄는 이 기본 상태를 부정하거나 무시하거나 회피하는 것입니다. 죄란 타락하여 비뚤어진 의지를 가리키는 단어입니다. 그 의지로 우리는 스스로 하나님이 되거나 다른 신들을 만들어 내려 합니다.

본질상 죄란 나쁜 짓을 가리키는 도덕적 용어가 아니라 하나님을 외면하고 스스로 하나님 행세하는 것을 가리키는 영적 용어입니다. 죄는 교묘한 면이 있습니다. 죄짓는 순간에는 죄가 죄로 느껴지지 않고 신처럼 느껴집니다.

좋게 창조된 우리

하나님이 자기 형상
곧 하나님의 형상대로 사람을 창조하시되.
창세기 1:27, 개역개정

기도는 우리의 처음 창조된 상태를 회복시켜 줍니다. 우리는 "하나님의 형상대로" 창조되었습니다. 창세기의 권위로 우리는 "좋았더라"라는 선포를 받았습니다. 우리는 이 기본적 아름다움, 놀라운 선함을 지니고 있습니다. 내 주변의 모든 사람, 모든 만물도 마찬가지입니다. 그러나 우리는 자신이 좋게 느껴지지 않을 때가 너무 많습니다. 자신이 하나님의 형상으로 보이지 않습니다. 우리는 실패와 부족함을 의식합니다. 비판과 거부를 경험합니다. 기분이 확 잡칩니다. 우리가 좋게 창조되었다는 기억은 실패와 부족함의 빽빽한 안개에 가려집니다.

기도는 좋게 창조된 우리의 실체로 다시 들어가는 길입니다.

믿음의 가족

즐겁게 소리칠 줄 아는 백성은 복이 있나니
여호와여, 그들이 주의 얼굴 빛 안에서 다니리로다.
시편 89:15, 개역개정

　　복음은 절대 개개인을 위한 것이 아니라 언제나 백성을
위한 것입니다. 죄는 우리를 분열시키고 분리시킵니다. 우리
에게 고독한 유폐를 선고합니다. 복음은 우리를 회복시키고
연합시킵니다. 우리를 공동체 안에 둡니다.

　　성경 이야기 속에 계시되고 전개된 믿음의 삶은 극히 개
인적이지만, 절대 개인에서 그치지 않습니다. 언제나 가족과
부족과 나라가 있습니다. 바로 교회입니다. 하나님의 사랑과
구원은 "즐겁게 소리칠 줄 아는" 백성의 모임 속에 계시되고
체험됩니다.

함께 사시는 하나님

우리가 종일토록 활보하며 하나님을 찬양하고,
끊임없이 주님의 이름을 불러 감사를 드립니다.

시편 44:8

성경에서 배우는 하나님, 그리스도 안의 하나님은 어떤 분
입니까? 하루에도 열두 번씩 기저귀를 가는 기분을 그분은 아
십니다. 정성 들여 작성한 보고서가 누군가의 책상 위에서 몇
주씩 먼지만 뒤집어쓰고 있을 때의 심정을 그분은 아십니다.

하나님에 관한 책 중에 『일어서시고 구푸리시고 머무시
는 하나님』*The God Who Stands, Stoops, and Stays*이란 제목이 있습니다. 축복
의 몸자세가 잘 응축된 표현입니다. 하나님은 일어서십니다.
그분은 기초이자 기둥이십니다. 하나님은 구푸리십니다. 우
리 수준으로 무릎 꿇으시어 우리 자리에서 우리를 만나 주십
니다. 하나님은 머무십니다. 좋을 때나 궂을 때나 우리 곁을
떠나지 않으시며 은혜와 평강으로 우리와 함께 사십니다.

빵과 포도주

이것은 너희를 위하여 주는 내 몸이라.
너희가 이를 행하여 나를 기념하라.

누가복음 22:19, 개역개정

이야기를 들려주실 때나 대화를 이어 가실 때 예수님은 식사, 만찬, 혼인 잔치 같은 평범한 배경을 즐겨 사용하셨습니다.

우리는 예수님이 회당과 성전에서 예배하셨음을 압니다. 하나님을 예배하는 관례적 장소이자 성경이 가르치는 바입니다. 그러나 그분의 가르침과 기도는 대부분 길거리와 들판, 산과 집에서 이루어졌습니다. 그분이 식사를 베풀기도 하시고 받기도 하신 곳들입니다. 예수님은 제자들에게 그간 그분에게서 경험하고 받고 명령받은 것을 계속 이어 가는 길을 정해 주셨는데, 이는 다름 아닌 빵과 포도주로 함께 식사하는 것이었습니다. 그들은 그대로 했습니다. 우리도 계속 그대로 하고 있습니다.

관계의 회복

누가 너희를 힘들게 하거든, 그 사람을 위해 기도하여라.
그러면 너희는 너희의 참된 자아,
하나님이 만드신 자아를 찾게 될 것이다.

마태복음 5:44-45

인격적 관계를 위해 지음 받은 우리가 인격적 관계에서 혼란에 빠졌습니다. 구원은 인격적 관계를 재창조하고 구속합니다.

구원이란 우리를 죄의 결과인 굴레와 단절에서 건져 내어 하나님과 이웃들로 더불어 자유롭고 투명한 사랑의 관계 속에 살게 하시는 하나님의 행위입니다. "하나님을 사랑하고 네 이웃을 사랑하라"는 이중 명령은 구원을 전제로 합니다. 하나님의 구원 행위 없이는 우리는 "허물과 죄로 죽은" 자입니다. 하나님의 구원 행위가 있기에 우리는 이 명령을 받을 수 있습니다. 하나님과 이웃들로 더불어 온전하고 건강하고 살아 있는 관계를 이룰 수 있는 것입니다.

하나님의 능력

그분은 바로 하나님 우리 하나님,

온 세상을 다스리시는 분.

시편 105:7

　　무엇이 나라에 더 좋겠습니까? 온 국민에게 자기를 주장
하도록 가르치는 것? 그것이 사실상 탐욕과 야심의 주장인데
도? 아니면 "권능은 하나님께 속한 것"이기에 그분의 훨씬 좋
은 뜻에 우리를 맡기는 것이 낫겠습니까? 하나님이 이미 보이
셨거나 보이지 않는 숱한 방식으로 당신 뜻을 주장하고 계심
과, 경제·사회·문화의 모든 차원에서 복잡하게 구원을 이루
고 계심을 믿으며 말입니다.

　　기도는 자기주장과 인간 생명의 간극을 잇는 다리입니다.
내 힘으로 나를 표현하고 세상을 고치는 길을 알아내기보다 하
나님이 하시는 일에 더 관심을 두고 감격한다는 뜻입니다.

영성의 작업

하나님께서는 진정으로
우리에게 최선이 되는 일을 하고 계시며,
우리를 훈련시켜 하나님의 거룩하심을 따라
최선을 다해 살아가도록 하십니다.
히브리서 12:10

영성의 작업은 내가 처한 자리에서 내 삶의 구체적 정황을 인식하되, 은혜도 함께 깨달으며 이렇게 고백하는 것입니다. "하나님은 나와 함께하기 원하십니다. 다만 내 배우자를 고치거나 배우자나 자녀를 배제하지 않고서 나를 바꾸시는 방식으로 그 작업을 하기 원하십니다. 지금 이 아픔과 고난 없이는 절대 경험할 수 없는 일을 내 삶에 행하려 하십니다."

간혹 나는, 목사의 일이란 결국 '하나님'이란 단어가 들리지 않는 상황이나, 사람들이 그분의 임재를 인식하지 못하는 상황에서 그 단어 '하나님'을 말해 주는 것이 아닌가 생각합니다.

기도를 선택함

내가 지극히 높으신 하나님을 큰소리로 부르네.
나를 붙들어 주시는 하나님을.

시편 57:2

예수님의 광야 기사를 보면, 우리 주님은 하나님을 이용하는 종교와 하나님의 일에 동참하는 영성을 분별할 줄 아셨습니다. 그리하여 그분은 그저 우리를 돕거나 충고하거나 즐겁게 하시는 분이 아니라, 우리의 구주가 되실 준비를 갖추셨습니다.

다윗의 광야 기사를 보면, 증오에 짐승처럼 쫓기는 젊은 이가 나옵니다. 그는 하나님을 원망하는 삶과 기도의 삶의 기로에 서 있었습니다. 그리고 기도를 선택했습니다. 기도를 택함으로 그는 성결 훈련에 들어갔습니다. 처음에는 미약한 수준이었으나 그 모든 과정이 성결이었습니다.

자비와 긍휼

여호와의 인자와 긍휼이 무궁하시므로
우리가 진멸되지 아니함이니이다.
이것들이 아침마다 새로우니 주의 성실하심이 크시도소이다.
예레미야애가 3:22-23, 개역개정

 예레미야애가는 예루살렘 함락 전후에 겪은 하나님 백성의 고통이 절절히 표현된 다섯 편의 기도시입니다. 그야말로 그들 역사상 가장 비참한 재난이었습니다. 어둡던 시절의 한복판이자 다섯 편의 시 가운데 거의 정중앙에 이 구절이 나옵니다. "여호와의 인자와 긍휼이 무궁하시므로……."

 하나님의 무궁하심은 의무의 끈덕진 반복이 아닙니다. 그 안에는 새 하루의 경이와 창조가 충만하되, 모든 확실성과 규칙성도 함께 있습니다. 예컨대 일출日出이란, 기정 사실과 창조적 자연 발생이 동시에 어우러진 것입니다.

역사의 일상

그분은 우리와 숨바꼭질하시지 않습니다.
그분은 멀리 계시지 않습니다. 그분은 가까이 계십니다.
우리는 그분 안에서 살고 움직입니다.

사도행전 17:27-28

역사는 일출, 잔잔한 수면, 들판의 백합화, 푸른 초장은 물론 전쟁, 기근, 살인, 사고 등 산더미 같은 데이터를 쏟아 냅니다. 그러나 하나님의 백성이 늘 확신하는 것이 있습니다. 그런 표면상의 혼돈 속에서 기도와 찬양과 경청과 믿음을 통해 의미를 발견하고, 그리하여 역사의 일상 속에서 기쁜 소식을 읽는 것이 가능하다는 것입니다. 창세로부터 죽임을 당하신 어린양 예수 그리스도를 선포할 때 그것은 현실이 됩니다.

세상이 문제투성이임은 굳이 예수님이 일러 주시지 않아도 우리는 압니다. 그러나 세상의 문제들이 무의미하지 않으려면 역사에 대한 그분의 설명이 반드시 필요합니다. 그분의 삶과 죽음과 부활 속에서 역사는 초점이 잡힙니다.

우리 가운데 무릎 꿇으시는 하나님

하늘과 땅을 지으신 하나님,
시온의 하나님께서 너희에게 복을 주시기를!
시편 134:3

하나님은 우리와 언약을 맺으십니다. 자신의 생명을 우리에게 부으십니다. 선하신 성령, 창조의 활력, 구원의 기쁨을 주십니다. 그분은 자신을 비우고 우리 가운데 오십니다. 그래서 우리는 그분의 실체를 만납니다. 그것은 복입니다.

하나님은 우리 가운데 무릎 꿇으시고 우리 수준으로 낮아져 자신을 내어주십니다. 그분은 멀리 사시면서 우리에게 외교적 메시지를 전하시는 분이 아닙니다. 그분은 우리 가운데 무릎 꿇으십니다. 하나님은 은혜로 후하게 자신을 나눠 주십니다.

어디에나 노래가

내가 기쁨에 겨워 휘파람 불고, 즐거워 펄쩍펄쩍 뜁니다.
지극히 높으신 하나님, 주님을 노래합니다.
시편 9:2

예배에서 노래를 뺄 수 없습니다.

성경 어디에나 노래가 있습니다. 하나님의 백성은 노래
합니다. 그들은 하나님의 위엄과 그리스도의 자비하심, 현실의
회복과 거기에 참여할 새로운 능력을 깨닫고 그 충만한 마음
을 노래로 표현합니다. 새 노래가 끝없이 줄을 잇습니다. 장구
한 역사의 찬양대에 남녀노소의 목소리가 한데 모여 찬송가를
부릅니다. 모세가 노래합니다. 미리암이 노래합니다. 드보라가
노래합니다. 다윗이 노래합니다. 마리아가 노래합니다. 천사들
이 노래합니다. 예수님과 제자들이 노래합니다. 바울과 실라가
노래합니다. 하나님의 성품과 행사를 깨달을 때 믿음의 사람들
은 노래합니다. 노래란 주체할 수 없는 것입니다.

7

우리의 신념이
우리의 행동을
결정합니다

하나님의 뜻은 이루어진다

하나님, 주님의 사랑이 땅에 가득합니다!
주님의 교훈대로 살도록 나를 가르치소서.
시편 119:64

수많은 사람들의 반항적 열심과 나태한 의지, 수많은 사람들의 선한 의도와 엉뚱한 무력감과 성급한 모험, 그리고 수많은 사람들의 훈련된 사랑과 희생적 섬김. 우리 주님은 개인과 나라의 이 모든 원재료를 관리하시며 그것을 가지고 일하십니다. 그것으로 실존을 빚으십니다. 서두르시는 기색도 없습니다. 기도하는 사람은, 여유를 부리는 것이 태만이 아니고 느긋함이 게으름이 아닌 것을 분별합니다. 결국 주님의 뜻은 이루어집니다.

십계명과 자유의 삶

하나님의 법이 밖에서부터 우리에게 부과된 낯선 것이 아니라,
우리가 창조될 때 우리 안에 새겨진 것입니다.

로마서 2:15

하나님의 계시를 받으러 산에 오른 모세는 십계명을 가
지고 내려왔습니다. 자유와 믿음의 삶을 살아갈 백성들의 헌
법이요 권리장전입니다. 십계명을 구속拘束으로 착각하는 이
들이 있지만, 그들이 모르는 것이 있습니다. 처음 듣던 사람들
에게(지금 믿음을 가지고 듣는 사람들에게도 마찬가지입니다) 십계
명은 자유의 삶의 가치를 규정하고 보호했습니다. 십계명은 하
나님의 실체와 진리가 변질되거나 조작되지 않도록 보호합니
다. 십계명은 인간의 생명을 중시합니다. 일의 존엄성을 수호
합니다. 가까운 대인 관계를 보호합니다. 진리를 존중합니다.

하나님의 임재

하나님은 그분을 사랑하는 이들의 곁을 지키……십니다.

시편 145:20

엘라 골짜기에 들어설 때 다윗의 상상을 지배한 것은 골리앗이 아니라 하나님입니다. 믿음 없는 거인 앞에 모두가 설설 기고 있다니 그는 어이가 없었습니다.

부친의 양을 칠 때 다윗은 사자와 곰과 싸워 양을 지키며 하나님의 능력을 체험했습니다. 그는 하나님의 임재를 철저히 연습했습니다. 육성이 아닌 하나님의 말씀이 육성으로 들리는 사자의 포효보다 훨씬 실감 날 정도였습니다.

기도와 노래, 묵상과 경배는 다윗 안에 하나의 상상을 빚어 놓았습니다. 모든 양과 어린양과 곰과 사자 배후에 다윗 자신보다 크고 넓고 강한 존재가 있었으니, 바로 하나님이십니다.

칭의와 믿음

우리가 믿음으로 의롭다 하심을 받았으니
우리 주 예수 그리스도로 말미암아 하나님과 화평을 누리자.
로마서 5:1, 개역개정

칭의, 곧 의롭다 하심이란 본래 모습이 회복된다는 뜻입니다. 고치거나 치장하거나 겉만 꾸미거나 때우는 것이 아니라 본모습이 의롭게 되는 것, 그것이 칭의입니다. 우리의 근본적 존재가 하나님과 바른 관계에 놓이는 것입니다.

우리 스스로는 절대 의롭지 않습니다. 내 안에서 일하시는 하나님께 대한 반응으로, 그리고 그 일의 결과로만 우리는 의롭게 됩니다. 하나님을 떠나서는 절대 의로워질 수 없습니다. 그분과의 연합을 통해서만 그것이 가능합니다.

그래서 우리는 믿음을 가져야 합니다. 믿음이야말로 최고의 인격적 관계인 까닭입니다. 칭의는 강압이 아니라 믿음으로 옵니다. 한 자유인의 자발적 반응과 개입으로 옵니다.

그리스도 안의 창의적 삶

하나님은 올바로 사는 이에게 든든한 버팀목이 되신다.

잠언 10:29

모든 인간은 창의적 삶을 살도록 태어났으나 우리 중에는 그렇게 살지 못하는 이들이 많습니다. 왜입니까? 게을러서 그렇습니다. 창의적 삶은 어렵습니다. 창의적으로 살려면 믿음으로 살아야 합니다. 장차 어떻게 될지 전혀 모릅니다. 본래 창작품이란 여태껏 존재하지 않았던 것입니다. 우리는 불확실한 세계의 난간에 사는 셈입니다. 실패할 수 있습니다. 사실 많은 경우, 실패는 거의 기정사실입니다. 내가 아는 모든 창의적인 사람들은 자기가 만들어 낸 물건을 거의 다 버립니다.

세상의 거리와 들판, 집과 시장은 화랑입니다. 다만 문화 전시관이 아니라, 그리스도 안의 새로운 피조물들을 전시하는 곳입니다.

지금 여기서 드리는 기도

우리가 이방 땅에서 어찌 여호와의 노래를 부를까.

시편 137:4, 개역개정

"낯선 땅에서 어떻게 주님의 노래를 부를 수 있을까." 이스라엘 백성들은 그렇게 못할 줄 알았습니다. 하지만 했습니다. 어떻게? 어떻게 했을까요? 그들은 율법 묵상에 깊이 잠겼고, 그것은 어느새 기도로 이어졌습니다. 그들은 바벨론에 옮겨 심긴 나무였습니다. 거기서 그들은 뿌리를 내리고 잎사귀를 내고 열매를 맺었습니다.

우리는 모두, 자기 처지가 웬만해야 기도할 수 있고 기도가 더 잘된다고 생각합니다. 그래서 형편이 나아질 때까지 기도를 미룹니다. 하나님 말씀은 지금 내가 처한 자리에 꼭 맞는 말씀입니다. 하나님 말씀은 바로 여기서 내 반응을 촉구합니다. 그러나 우리는 내 공상이나 상황에 한눈파느라 그 말씀에 주목하지 못합니다.

고난에 동참하심

그는 실로 우리의 질고를 지고 우리의 슬픔을 당하였거늘.

이사야 53:4, 개역개정

성경의 계시는 고난을 설명하지도 않고 삭제하지도 않습니다. 오히려 성경은 고난받는 인류의 삶 속에 들어가시는 하나님을 보여줍니다. 그분은 고난을 받아들이고 고난에 동참하십니다.

성경의 하나님은 딱하게 고난받는 자들에게 손가락을 들이대며 일장 훈시하시는 분이 아닙니다. "내가 뭐라던. 너는 여기, 여기, 여기서 잘못했다. 지금 그 값을 치르는 거다." 또한 성경의 하나님은 연속 5개년 계획 같은 단계적 프로그램으로 고난을 점차 없애시는 분도 아닙니다. 스케일을 넓혀 시대가 바뀌어도 그런 일은 없습니다. 고난의 절대량을 줄이는 진보란 없습니다. 고난은 존재합니다. 그리고 고난받는 이들이 있는 곳에 하나님이 계십니다.

하나님의 약속의 소망

여러분의 삶에 놓인 목표는 동아줄 같아서,
결코 느슨해지지 않을 것입니다.
그것은 하늘에 있는 여러분의 미래와 단단히 연결되어 있고,
희망으로 든든히 묶여 있기 때문입니다.

골로새서 1:5

소망이 없을 때 인간이 미래에 반응하는 방식은 기본적으로 두 가지입니다. 요행을 바라거나 불안에 빠지는 것입니다. 요행은 미래를 욕망의 성취로 봅니다. 성취는 대개 기적을 통해 이루어집니다. 요행 심리는 백일몽과 공상으로 에너지를 넓혀 갑니다. 반면에 염려는 미래를 결함의 귀결로 봅니다. 현재의 약점을 몰락의 경지로 부풀리는 것입니다.

그러나 소망은 하나님의 약속에 기초를 둔, 미래에 대한 제3의 반응입니다. 소망은 미래를 하나님의 약속이 성취될 시점으로 봅니다. 소망은 미래 안에 욕망이나 불안을 끼워 넣지 않습니다. 오히려 미래의 내용이 하나님의 약속대로 될 것을 믿습니다.

실패의 자유

그것은 할례를 받거나 안 받거나 하는 일과 같이,
여러분과 내가 하는 일에 있지 않습니다.
핵심은 하나님께서 지금 하고 계신 일에 있습니다.
그분은 완전히 새로운 것, 곧 자유로운 삶을 창조하고 계십니다!
갈라디아서 6:15

실패에 대한 두려움은 자유를 억압합니다. 그러나 실패
에 대해 자유로운 것은 자유를 북돋웁니다. 믿음의 삶은 모험
을 권장하며 모험은 종종 실패를 낳습니다. 그것은 위기와 미
지의 세계를 향한 모험이기 때문입니다. 준비되지 않은 상황
(예수님의 체포 현장에서의 베드로처럼)이나 익숙지 못한 상황(변
화산에서의 베드로처럼)에 처할 때 우리는 때로 실패합니다. 그
러나 이런 실패는 절대 재난이 아닙니다. 실패를 통하여 우리
인간성의 새로운 깊이와 하나님 은혜의 새로운 지평을 깨닫
기 때문입니다. 우리의 인간성과 하나님의 은혜 속에서 자유
의 삶이 태동합니다.

후히 주시는 하나님

네가 만일 하나님의 선물[을]······알았더라면
네가 그에게 구하였을 것이요.
요한복음 4:10, 개역개정

하나님은 주십니다. 그분은 후하십니다. 헤프실 정도로 후하십니다.

이것이 하나님의 방식입니다. 그분은 우리에게 친아들이신 예수님을 그렇게 주셨습니다. 아낌없이 내주셨습니다. 세상 만국에 주셨습니다. 그분은 예수님을 이전 시대에 묶어 두시지 않았고 박물관에 아껴 두시지 않았습니다. 트로피처럼 자랑만 하신 것도 아닙니다. "하나님이 세상을 이처럼 사랑하사 독생자를 주셨으니 이는 그를 믿는 자마다 멸망하지 않고 영생을 얻게 하려 하심이라."요 3:16

더 큰 회중

하나님의 호의는 그분을 경외하는 이들의 것.
하나님은 그들에게 속마음을 털어놓으십니다.
시편 25:14

예배드릴 때마다 우리의 생각이 깨어나고 기억이 하나님의 시각으로 새로워집니다. 우리는 하나님이 말씀하시는 것과, 하나님이 결정하시는 것과, 하나님이 구원을 이루시는 방식과 친숙해집니다.

이런 일들이 예배 때보다 더 잘 이루어질 수 있는 곳은 어디에도 없습니다. 예배드릴 때 우리는 '큰 회중'의 일부가 됩니다. 그곳에서 모든 성경 기자들이 우리에게 말을 건넵니다.

찬양하는 사람들

오, 하나님을 찬양하여라!
우리를……무력하[게]……내버려 두지 않으셨다.
시편 124:6

　　우리도 이렇게 노래하기를 하나님은 간절히 원하십니
다! 그리스도인은 지옥으로 치닫는 세상을 보며 혀를 차는 요
란한 도덕군자가 아닙니다. 그리스도인은 우리 편이신 하나
님을 찬양하는 사람입니다. 그리스도인은 퇴폐 문화 속에서
경건한 척하는 위선자가 아닙니다. 그리스도인은 우리의 도
움이신 하나님을 강력히 증거하는 사람입니다. 그리스도인은
악인이 형통하는 세상에서 의를 짐처럼 메고 다니는 지친 부
랑인이 아닙니다. 그리스도인은 "오, 하나님을 찬양하여라!
우리를 무력하게 내버려 두지 않으셨다" 하고 노래하는 사람
입니다.

기도 훈련

오직 그만이 나의 반석이시요 나의 구원이시[니]……
내가 흔들리지 아니하리로다.

시편 62:6, 개역개정

우리 자아는 흥분과 향락과 만족과 칭찬과 인정과 보상과 자극과 탐닉을 원합니다. 유혹과 설득으로 이런 충동을 조종하고 흥정하는 사람들은 어디에나 있습니다.

특히 서구인의 자아는 성경의 사도 대신 광고업자를 스승으로 삼습니다. 사실 자기주장이란, 충동과 압박에 지배당하는 생활 방식을 교묘하게 미화한 말입니다. 안에서는 감정과 호르몬의 모든 조화가, 밖에서는 패션과 유행의 모든 변화가 자아를 교대로 가지고 놉니다. 기도 훈련이 잘 되면 이런 소소한 것에 요동하지 않습니다.

하나님께 달려간 사람

내게 한없는 사랑을 베푸시고 말씀하신 그대로 인도하시네.

시편 57:5

다윗이 광야에 간 것은 사울 때문이었지만, 광야를 규정하거나 지배한 것은 사울이 아니었습니다. 광야는 사울이 아닌 하나님으로 충만했습니다.

광야 자체 때문에 달라지는 것은 없습니다. 사울과 다윗은 둘 다 광야에 있었습니다. 사울은 다윗을 잡겠다는 일념으로 그를 뒤쫓았습니다. 사울의 삶에는 살의만 남아 있을 뿐이었습니다. 반면에 다윗은 하나님께 달려갔습니다. 피난처이신 하나님 안에서 자신을 발견했습니다. 기도하면서, 경이에 눈이 휘둥그레졌습니다. 영광을 맛보았습니다. 깨어 근신하여 하나님의 인자하심을 경험했습니다. "말씀하신 그대로 인도하시는" 하나님을 만났던 것입니다.

제사의 제물

여호와여, 아침에 주께서 나의 소리를 들으시리니
아침에 내가 주께 기도하고 바라리이다.
시편 5:3, 개역개정

하나님께 드리는 제사란, 삶을 하나님 앞에 결집하는 물리적 방편입니다. 하나님은 그 삶으로 일하십니다. 제사는 우리가 하나님께 해드리는 것이 아니라, 그분이 뭔가 하시도록 삶이라는 원료를 내어드리는 것입니다.

제단 위에서 드리는 제사는 하나님께 기쁘게 열납되는 제물로 바뀝니다. 제사 행위를 통해, 우리는 소유권과 통제권을 버리고 하나님이 하실 일을 지켜봅니다. 말씀으로 내 안에 생명을 두신 하나님이라면 내 말도 들어주시리라 확신하면서, 우리는 내다보이는 역경과 기쁨을 말로 토해 냅니다. 두려움과 소망, 불안과 기대를 한데 모아 제물로 제단에 올려놓습니다. 그렇게 제사를 드린 후에 지켜보는 것입니다.

하나님의 음성

그분은 우리 하나님, 모든 것 내려놓고
그분 말씀에 귀를 기울여라.
시편 95:7

성경은 얄궂은 면이 있습니다. 말이란 기록되는 순간, 구어口語의 살아 있는 울림을 잃을 위험성이 있기 때문입니다. 일단 문어文語로 전락한 말은, 읽고 연구하고 해석하는 대상은 될지언정 여간해서 내 것으로 들리지 않습니다…….

하나님은 말씀하십니다. 창조와 구원을 선포하십니다. 그래서 우리로 믿게 하십니다. 창조와 구원에 믿음으로 동참케 하십니다. 계시의 목적은 하나님에 관해 알려 주는 것이 아니라, 하나님 안에 들어가게 하는 것입니다.

용서

누군가가 죄에 빠지거든 너그러운 마음으로
그를 바로잡아 주[십시오.]……
여러분도 하루가 가기 전에
용서가 필요하게 될지 모르기 때문입니다.
갈라디아서 6:1

용서의 행위는 먼저 죄를 인정함으로 시작됩니다. 무슨 죄든 마찬가지입니다. 용서는 죄를 못 본 체하지 않습니다. 죄를 두둔하거나 둘러대거나 해명하지 않습니다. 용서는 죄를 직시합니다. 그리고 죄의 결과를 받아들입니다. 그 죄 때문에 생긴 모든 고생과 벌과 번거로움과 불편을 그대로 받아들입니다. 주님의 십자가야말로 죄의 결과를 받아들인 엄청난 용기의 행위가 아니고 무엇이겠습니까?

용서는 죄지은 사람을 받아들임으로 지속됩니다. 용서는 그 사람을 향하여 새로운 사랑의 행동을 주도적으로 시작합니다. 용서는 상대를 사랑의 관계로 다시 불러들입니다. 용서는 이렇게 말합니다. "중요한 것은 죄가 아니라 너다. 너나 남들이 어떻게 하든, 절대 우리 둘을 갈라놓을 수 없다."

위엄 있고 거룩하신 분

하나님을 경외하여라.
그분이 명하시는 대로 행하여라.
전도서 12:13

하나님을 경외하십시오. 두려움과 외경이라 표현할 수도 있습니다. 성경은 우리가 하나님을 믿는지 여부에 관심이 없습니다. 성경은 모두가 어느 정도 하나님을 믿는다고 전제합니다. 성경의 관심은 우리가 그분께 보이는 반응에 있습니다. 우리는 하나님을 그대로 둘 것입니까? 위엄 있고 거룩하고 광대하고 기이하신 분으로 반응할 것입니까, 아니면 내 좁은 속처럼 늘 그분을 축소시키려 들 것입니까? 나한테 편한 테두리 안에 기어이 그분을 가둘 것입니까?

성경은 여호와를 경외하라고 말합니다. 우리를 두렵게 하려는 말이 아닙니다. 하나님의 더할 나위 없는 위엄 앞에 황공한 마음으로 나오라는 말입니다.

하나님은 절대 포기하지 않으신다

진흙으로 만든 그릇이 토기장이의 손에서 터지매
그가 그것으로 자기 의견에 좋은 대로 다른 그릇을 만들더라.
예레미야 18:4, 개역개정

예레미야는 못쓰게 된 그릇들을 아주 잘 알았습니다. 창조주의 빚으시는 손길을 뿌리친 부정하고 흠 많은 인간들. 날마다 그는 쓸모없는 사람들과 어깨를 부딪치며 살았습니다. 깨어져 줄줄 새는 삶, 실패하여 비틀비틀 넘어지는 삶. 예레미야는 그것을 다른 말로 표현했습니다. 죄, 반역, 아집…….

그는 계속 관찰했습니다. 토기장이는 어떻게 하겠습니까? 화덕을 발로 차며 발끈해서 가버릴까요? 진흙을 고양이한테 내던지고 장터로 나가겠습니까? 아닙니다. 그는 "다른 그릇"을 만드십니다. 하나님은 주물러 반죽하십니다. 밀고 당기십니다. 창조 작업은 참을성 있고 솜씨 좋게 다시 시작됩니다. 하나님은 포기하지 않으십니다.

값이 치러졌다

> 때가 차매 하나님이 그 아들을 보내사
> 여자에게서 나게 하시고 율법 아래에 나게 하신 것은
> 율법 아래에 있는 자들을 속량하시고.
> 갈라디아서 4:4-5, 개역개정

바울의 편지를 읽는 모든 독자들은 그리스의 노예가 자유를 얻는 과정을 잘 알았을 것입니다. 속량^{redeem}은 그 과정을 묘사하는 말입니다. 간혹 어떤 노예가 동정심, 애정, 정의감 등 이런저런 이유로 부유한 자유인의 눈길을 끕니다. 그 자유인은 성전이나 회당에 가서 노예를 해방시키는 데 필요한 돈을 제사장에게 맡깁니다. 제사장은 신탁을 내리고 속전^{redemption price}을 현재의 주인한테 전합니다. 그것으로 노예는 자유의 몸이 됩니다.

바울은 우리 각자에게 일어난 일이 바로 그것이라고 말합니다. 우리를 자유케 하려고 값이 치러졌습니다. 우리는 값으로 따질 수 없는 귀한 존재입니다.

하나님 나라의 사랑

사랑하지 않는 사람은 하나님에 대해
아무것도 알지 못하는 자입니다.
하나님은 사랑이시기 때문입니다.

요한일서 4:8

　세상 지혜가 말하는 사랑은, 침실에서는 멋지지만 국가의 업무에는 들어설 자리가 없습니다. 사랑 선언은 달빛 조요한 해변에서는 가능해도 기업 회의실 탁자와는 곤란할 정도로 안 어울립니다.

　그렇다면 문제가 있습니다. 이런 주장은 성경 어디에도 확증된 바 없습니다. 하나님은 각 개인을 사랑하여 구원하실 뿐 아니라 한 나라를 만드시는 중입니다. 성경 어디를 보아도 세상을 통치하시는 하나님과 영혼을 구원하시는 하나님은 같은 분입니다.

이곳의 하나님

그리스도의 메시지에 어울리는 명예로운 삶을 사십시오.

빌립보서 1:27

원치 않는 곳에서 원치 않는 사람들과 함께 살려면 선택이 불가피합니다. 세상의 잘못된 것들만 쳐다보며 자기 연민에 빠지겠습니까? 아니면 내가 처한 이곳에서 최선의 삶을 사는 데 에너지를 집중하겠습니까?

우리는 이렇게 말할 수 있습니다. "난 여기가 싫다. 10년 전 그 자리로 돌아가고 싶다." 그러나 우리는 이렇게 말할 수도 있습니다. "이 상황에서 최선을 다하리라. 이곳의 기류, 이곳의 경제, 이곳의 이웃보다 훨씬 중요한 것은 이곳의 하나님이시기 때문이다. 하나님이 이곳에 나와 함께 계시기에, 그 어느 곳 못지않게 여기서도 하나님 뜻대로 살 수 있다."

사랑할 자유

사랑은……무슨 일이든지 참으며
하나님을 늘 신뢰하며 언제나 최선을 구하며.
고린도전서 13:7

믿음의 삶에서 비롯된 자유에는 고요함과 자연스러움이 있습니다. 이 자유는 자기를 주장하거나 과시하지 않습니다.

이 자유의 본거지는 우리를 황홀경의 바다에 빠뜨리는 격정적인 사랑의 행위가 아닙니다. 극적인 사건이나 거창한 행사나 신혼여행에서 찾을 수도 없습니다. 이 자유는 내 감정과 몸짓과 언어에 관한 소소한 결정들로 표출되어야 합니다.

갈 데까지 간 후라도 아직 끝까지 남아 있는 것이 있습니다. 그것은 내 말투를 바꿀 자유, 타인에게 짤막한 편지를 쓰거나 전화를 걸 자유, 사랑할 자유입니다.

성경의 조상들

하나님, 주님의 이름은 영원하고……
결코 쇠하지 않으십니다.

시편 135:13

어느 여론 조사원이 확정 보고서를 내놓았는데, 그와 인터뷰한 사람이 나중에 알고 보니 달랑 한 명으로 밝혀진다면 우리는 어떻게 반응하겠습니까? 엉터리 결과를 무시할 것입니다. 그런데 바로 그런 식의 증거를, 그보다 훨씬 중요한 문제인 기도 응답이나 영원한 구원 등의 최종 진리로 받아들이는 그리스도인들이 허다합니다. 그들이 상의하는 유일한 대상은 자기 자신이고, 그들이 중시하는 유일한 경험은 방금 전 10분간의 일입니다.

우리는 다른 경험들이 필요합니다. 그것은 성경의 조상들이 장구한 역사에 걸쳐 전해 준 경험들입니다. 다윗과 바울을 뼈와 살에 새긴 그리스도인은, 자신의 일시적 감정에 얼마만큼의 가치를 두어야 할지를 압니다.

아침마다 새로우니

여호와의 인자와 긍휼이 무궁하시므로

우리가 진멸되지 아니함이니이다.

이것들이 아침마다 새로우니 주의 성실하심이 크시도소이다.

예레미야애가 3:22-23, 개역개정

우리가 죄짓는 길은 유한합니다. 하나님이 용서하시는 길은 무한합니다. 인간의 상태를 몇 년만 관찰해 보면 그것을 압니다. 죄는 대부분 재방송입니다. 얼마 후면 알게 됩니다. 세대가 오고가도 사람들이 하는 일은 다 거기서 거기입니다.

죄짓는 데는 많은 상상력이 필요 없습니다. 그러나 용서와 구원은 어떠합니까? 그것은 다른 이야기입니다. 구원은 매번 새롭고 독창적입니다. 용서는 매번 허를 찌릅니다. 죄는 창의적인 일이 아닙니다. 되풀이할수록 따분해집니다. 반면에 구원은 "아침마다 새롭습니다."

찬양의 문턱

나, 순간마다 하나님을 찬양하리라.
숨이 턱에 차도록 주님을 찬양하리라.
시편 34:1

모든 기도는 끝까지 가면 찬양이 됩니다. 처음에 얼마나
다급했든, 분노와 두려움 속을 얼마나 헤맸든, 모든 기도는 찬
양으로 끝납니다. 늘 당장 쉽게 그렇게 되는 것은 아닙니다.
그것은 평생의 여정일 수도 있습니다. 그러나 끝은 언제나 찬
양입니다.

아무리 고난과 회의와 분노가 깊고, 아무리 절망과 회의
에 빠져 "어느 때까지니이까" 되뇌어도, 기도는 결국 찬양으
로 바뀝니다. 모든 것이 결국 찬양의 문턱을 넘습니다. 찬양은
기도의 완성입니다.

예수님은 죄인들을 부르신다

그리스도께서 십자가에서 죽으심으로
우리를 화해시키셨습니다.
에베소서 2:16

교회는 항상 먼지 하나 없이 손님 맞을 채비를 갖춘 대저택 응접실이 아닙니다. 교회는 너저분한 거실입니다.

교회는 전시실이 아니라 살림방입니다. 그 방에 사는 사람들이 죄인이기에, 옷가지가 흩어져 있을 것이고 목재 가구는 손때를 탔을 것이고 카펫에 흙이 묻어 있을 것입니다. 예수님이 의인들이 아니라 죄인들을 불러 회개시키려 하시는 한 —그분이 이 정책을 바꾸셨다는 얘기는 아직 없습니다—교회는 깔끔 떠는 자들을 난감하게 할 것이고, 번듯한 자들에게 모욕감을 줄 것입니다.

교회는 그리스도의 빛이 비치는 곳입니다. 교회 자체에는 빛이 없습니다.

하나님을 즐거워함

오, 왕이신 나의 하나님,
찬양으로 주님을 높여 드립니다!
시편 145:1

하나님은 인격적 실체이자 즐거워할 대상입니다. 우리
는 그분을 즐거워할 수 있는 존재로 창조되고 구원받았습니
다. 제자도의 모든 행위는 결국 기쁨을 누리는 자리에 이릅니
다. 하나님께 한 걸음씩 순종할 때마다 즐거워하는 역량도 자
랍니다. 즐거워할 일이 갈수록 많아질 뿐 아니라 그것을 즐거
워하는 능력도 꾸준히 커집니다. 무엇보다 큰 복이 있습니다.
우리는 여정 끝에 이르지 않더라도, 여정 끝에 있는 것을 지금
부터 즐거워할 수 있습니다.

승리의 그리스도

여호와께서 시온에서부터 주의 권능의 규를 내보내시리니
주는 원수들 중에서 다스리소서.
시편 110:2, 개역개정

역사를 이해하는 유일한 길은 솔직하고 단호하게 그리
스도로 시작하는 것입니다. 그분은 역사 강론을 꿰는 알파벳
의 처음인 알파입니다. 그분은 뒤늦은 조치로 배치된 구조원
이 아닙니다.

초대교회 공동체는 시편 110편 2절과 5절을 즐겨 읽었
습니다. "여호와께서 시온에서부터 주의 권능의 규를 내보내
시리니 주는 원수들 중에서 다스리소서.……주의 오른쪽에
계신 주께서 그의 노하시는 날에 왕들을 쳐서 깨뜨리실 것이
라." 성경적 그리스도인은 그리스도를 감상적으로 대하지 않
습니다. 여기 맹렬함과 호전성이 있습니다. 세상은 전투중입
니다. 우리의 그리스도는 싸움터의 선봉장이십니다. 날마다
중요한 문제들이 결정됩니다. 그리스도는 일요일마다 예배받
으실 뿐 아니라 주중에도 날마다 승리하십니다.

하나님은 우리를 버리시지 않는다

하나님께 감사하여라!
마땅히 감사드려야 할 분. 그분의 사랑 끝이 없다.

시편 136:1

죄짓고 삶을 망쳐도 우리는 하나님이 나를 버리고 떠나시지 않음을 깨닫습니다. 그분은 우리 문제 속에 들어와 우리를 건지십니다. 좋은 일입니다. 믿음으로 살아갈 이유와 동기가 있을 때도, 우리는 하나님이 이미 나를 돕고 계심을 깨닫습니다. 좋은 일입니다. 하나님을 찬양하십시오!

아우구스티누스는 "그리스도인은 머리끝에서 발끝까지 할렐루야여야 한다"고 말했습니다. 그것이 우리 삶의 진실입니다. 하나님은 우리를 지으셨고 구속하시며 필요를 채우십니다. 이에 대한 자연스럽고 논리적인 반응은 하나님을 찬양하는 것입니다.

첫말은 하나님께

하나님, 나의 부르짖음을 들으소서.
나의 기도에 귀 기울여 주소서.
시편 61:1

우리는 하나님의 조건이 아니라 내 조건에 맞는 삶을 원합니다. 기도하면 자칫 하나님의 조건에 말려들 위험성이 있습니다. 섣불리 기도할 일이 아닙니다. 대부분의 경우 기도는 내가 원하는 데로 우리를 데려가지 않고 하나님이 원하시는 데로 데려갑니다. 내 생각에는 이것이 가장 좋은데, 기도가 우리를 데려가는 곳은 전혀 딴판입니다. 사태를 깨달았을 때는 대개 이미 너무 늦어 돌이킬 수 없습니다. 섣불리 기도할 일이 아닙니다.

기도는 절대 첫말이 아닙니다. 기도는 언제나 대꾸입니다. 첫말은 하나님께 있습니다.

8

기도는 하나님께
집중하는 것입니다

예배를 통한 변화

다 와서, 경배드리자.
그분께 절하고 우리를 지으신 하나님 앞에 무릎 꿇자!
시편 95:6

예배는 하나님을 향한 갈증을 채워 주지 않고 오히려 더
돋웁니다. 하나님께 갈급한 마음은 예배를 드린다고 가라앉
지 않고 오히려 더 깊어집니다. 예배는 그 시간을 넘어 한 주
간의 삶 속으로 흘러듭니다. 평안과 영원한 안전에 대한 갈망
이 싹틉니다. 우리의 일상적 필요는 예배 행위를 통해 변화됩
니다. 우리는 더 이상 하루 벌어 하루 살지 않습니다. 비열한
내 실존에 체념하여 탐욕스레 생존 경쟁에 매달리지 않습니
다. 어느새 우리의 기본 필요는 하나님 형상대로 지음 받은 피
조물의 품위에 걸맞게 변합니다.

하나님께 종속된다

나보다 자기 아버지나 어머니를 더 좋아하는 사람은
내게 합당하지 않다.

마태복음 10:37

기도할 때 우리는 하나님의 절대 주권을 느낍니다. 순종
의 성향이 자라는 것도 느낍니다. 문화, 가정, 정부, 직업 심지
어 사나운 자아도 하나님 주권의 고요한 능력과 창조의 위력
을 막을 수 없습니다. 느리지만 확실한 변화입니다. 가족이나
인종 같은 혈연관계도, 인간과 국가에 대한 의지적인 헌신도
결국 모두 하나님의 통치에 종속됩니다.

빵과 검

주님의 말씀이 어찌나 귀하고 맛있는지,
산해진미가 부럽지 않습니다.

시편 119:103

성소를 찾을 때 다윗은 먹을 것도 없고 무기도 없었습니다. 그러나 떠날 때는 배불리 떠났습니다. 치열한 싸움에 임할 무기도 갖추었습니다.

성소는 비단 하나님과 사이가 깊어지는 곳만은 아닙니다. 성소는 다윗처럼 빵과 검을 얻는 곳이기도 합니다. 하나님의 말씀은 빵입니다. 하나님의 말씀은 검입니다. 실존의 벼랑으로 내몰릴 때 우리는 성소, 곧 거룩한 곳을 찾습니다. 그러면 놀라운 일이 벌어집니다. 약하고 위태로운 모습으로 들어간 우리가 어느새 힘을 얻고 무장하여 위험에 맞서게 됩니다.

출발점은 수용

마치 우리 가운데 누구는 더 낫고 누구는 모자라기라도 한 것처럼
비교하지 말아야 한다는 뜻입니다.
우리에게는 살면서 해야 할 훨씬 흥미로운 일들이 많습니다.

갈라디아서 5:26

서로 일부만 수용하는 것은 사실상 거부와 다를 바 없습니다. 그런 수용은 상대를 자유케 하는 선물이 아니라 내 뜻에 따르도록 회유하려는 당근입니다. "네가 이런 식으로 옷 입고 이런 식으로 말하고 이런 식으로 행동한다면 기꺼이 널 수용하여 우리 편에 끼워 주겠다." 하지만 이런 조건을 아무리 진지하고 정중하게 내건다 해도 그것은 거부입니다.

복음은 그 과정을 뒤집습니다. 출발점은 수용입니다. 그러면 영혼에 자유가 밀려듭니다. 영적·도덕적으로 책임감 있는 삶이 나옵니다.

하나님께 주목한다

또 너희가 하나님 앞에 나아갈 때……
조용하고 한적한 곳을 찾아라.

마태복음 6:6

기도 생활이 자라려면 시간이 걸립니다. 일부러 시간을 떼어 훈련해야 합니다. 허둥지둥 되는 일이 아닙니다. 바쁘면서 동시에 기도할 수 없음을 나는 압니다. 열심히 살면서 기도할 수는 있지만 바쁘면서 기도할 수는 없습니다. 마음이 쫓기거나 산만하거나 분산되어서는 안 됩니다.

기도하려면 사람들의 말보다 하나님께, 내 요란한 자아보다 하나님께 더 주목해야 합니다. 그렇게 하려면 일상의 소음에서 일부러 물러나야 합니다. 만족할 줄 모르는 자아에 초연해지는 훈련이 필요한 것입니다.

"예" 하시는 하나님

너희 가운데 전파된……예수 그리스도는 예 하고 아니라 함이
되지 아니하셨으니 그에게는 예만 되었느니라.
하나님의 약속은 얼마든지 그리스도 안에서 예가 되니
그런즉 그로 말미암아 우리가 아멘 하여
하나님께 영광을 돌리게 되느니라.
고린도후서 1:19-20, 개역개정

  복음의 메시지를 어떤 단어보다 잘 표현해 주는 말이 있
다면 "예"일 것입니다. 하나님은 인간에게 "예" 하십니다. 인
간도 예로 화답합니다.

  히브리어로 "예"는 "아멘"입니다. 풍부한 의미가 암시된
말입니다. 이는 확고하고 견실한 상태를 가리킵니다. 못이 박
힌 상태를 가리킵니다. 하나님은 "아멘"이십니다.[사 65:16] 확실
하고 신실하고 틀림없는 분입니다. 하나님이 아멘이시기에
우리도 "아멘" 하며 살아갈 수 있습니다. 믿음으로 살아갈 수
있습니다. 그리스도 안에서 우리에게 "예" 하시는 하나님께
우리도 마땅히 "예" 해야 합니다. 그리하여 우리를 구속하신
하나님과 확실히 맺어져야 합니다.

일의 세계

> 너희는 가서 모든 민족을 제자로 삼아.
>
> 마태복음 28:19, 개역개정

　"너희는 가서 모든 민족을 제자로 삼아 아버지와 아들과 성령의 이름으로 세례를 주고 내가 너희에게 분부한 모든 것을 가르쳐 지키게 하라. 볼지어다. 내가 세상 끝날까지 너희와 항상 함께 있으리라"마 28:19-20 하신 예수님 말씀은, 그리스도인의 직무 내용이 아니라 일의 세계에 임하는 그리스도인의 자세를 이르신 것입니다. 우리가 매일 하는 일은 결국 따지고 보면 "가서 제자 삼으라"는 명령에 대한 반응입니다. 일을 그런 시각으로 보지 않으면 자기 일의 의미와 가치에 깊은 불만이 생기거나, 아니면 그리스도께 대한 순종이 경솔하고 시큰둥해질 것입니다.

우리는 그분과 같이 된다

사랑하는 자들아, 우리가 지금은 하나님의 자녀라.
장래에 어떻게 될지는 아직 나타나지 아니하였으나
그가 나타나시면 우리가 그와 같을 줄을 아는 것은
그의 참모습 그대로 볼 것이기 때문이니.
요한일서 3:2, 개역개정

우리는 아이입니다. 아이는 자라 어른이 됩니다. 현재의
우리 모습은 보입니다. 우리는 하나님의 자녀입니다. 하지만
장차의 모습은 아직 보이지 않습니다. 그러나 우리는 목표를
압니다. 그리스도와 같이 되는 것입니다. 바울은 그것을 "온전
한 사람을 이루어 그리스도의 장성한 분량이 충만한 데까지
이르리니"라고 표현했습니다.^{엡 4:13}

우리는 쇠하지 않습니다. 붕괴되지 않습니다. 우리는 과
정 중에 있습니다.

구속적 삶

구하여라, 그러면 받을 것이다.
찾아라, 그러면 발견할 것이다.
두드려라, 그러면 문이 열릴 것이다.

누가복음 11:9

하나님은 종이신 예수 그리스도의 생애를 통해 우리에게 자신을 보이십니다. 그래서 자칫하면 우리는 주인 행세하며 그분께 마구 지시하기 쉽습니다. 하지만 하나님은 우리가 너무 지쳐 무엇을 못할 때 부려먹는 하인이 아닙니다. 삶의 특수한 문제를 해결할 자원이 없을 때 호출하는 전문가도 아닙니다. 하나님이 종이 되심은 우리더러 그분께 지시하라는 뜻이 아닙니다. 우리도 그분과 함께 구속적^{redemptive} 삶을 살라는 뜻입니다.

신념이 행동을 결정한다

생각이 있는 사람은 지혜를 소중히 여긴다.

잠언 10:23

이 시대의 커다란 거짓말 중 하나는, 내가 뭘 믿든 그건 내 문제지 남의 문제가 아니라는 것입니다. 내 마음속에 남몰래 무슨 일이 벌어지든 아무도 상관할 바 아니라는 것입니다. 그러나 내가 무엇을 믿느냐는 모든 이들의 문제가 됩니다. 내 심중에서 벌어지는 일이 어느새 내 사회적 행동을 결정한다는 바로 그 이유 때문입니다.

신념이란, 여론 조사에 내놓는 즉석 답변이 아닙니다. 신념은 우리의 가장 깊은 부분입니다. 신념이 행동을 결정합니다. 따라서 믿음은 나의 가장 실제적인 일면입니다.

다윗의 삶의 품위

내 영혼아, 네가 어찌하여 낙심하느냐?
어찌하여 슬퍼하느냐? 너는 하나님을 바라보아라.
나, 이제 다시 찬송하게 되리라.

시편 42:5

다윗은 열심히 살았지만 슬픔도 깊었습니다.

시편의 70퍼센트가 애가입니다. 다윗의 기도 생활에서 생겨나거나 파생된 애가입니다. 다윗은 계속해서 상실과 실망과 죽음을 겪었습니다. 그러나 그는 그런 어려움을 외면하거나 부정하지도 않았고 좋게 얼버무리지도 않았습니다. 그는 모든 일을 직시했고 모든 일로 인하여 기도했습니다. 다윗의 애가는, 그의 삶의 남다른 위엄과 고매한 품위에 있어 빼놓을 수 없는 한 가지 면입니다.

우리의 창조주

하나님께서 하늘을 지으셨으니
그분에게서 왕의 광채가 뻗어 나오고,
그 권능의 아름다움, 비할 데 없도다.

시편 96:5-6

만물이 창조되었습니다. 만물의 형체와 구조에 창조주의 도장이 찍혀 있습니다. 물질세계의 어느 한 부분도 하나님과 끊어진 것이 없습니다. 모든 세포가 구원의 유기체 안에 있습니다. 성경의 신앙은 물질을 떠나 살 수 없습니다. 보고 듣고 만지고 느끼고 냄새 맡는 피조 세계를 떠나 살 수 없습니다.

어쩌다 된 일이란 없습니다. 야생 버찌와 툰드라와 족제비는 우연의 산물이 아닙니다. 만물은 설계의 산물입니다. 그러므로 피조 세계 안에서 창조주와 가장 충만한 관계 속에 살려면 만물의 어느 한 부분도 그냥 지나칠 수 없습니다.

완전한 계시

나는 알파와 오메가요 처음과 마지막이요 시작과 마침이라.

요한계시록 22:13, 개역개정

요한계시록 1장에서 하나님은 "나는 알파와 오메가라"
라고 자신을 밝히십니다.[8절] 마지막 환상에 오면 그것이 이렇
게 확대됩니다. "나는 알파와 오메가요 처음과 마지막이요 시
작과 마침이라."[계 22:13]

알파는 그리스어 알파벳의 첫 글자고 오메가는 마지막
글자입니다. 알파와 오메가 사이에 모든 글자가 들어 있습니
다. 뭐든 기록하려면 알파벳 글자를 사용해야 합니다. 하나님
은 알파벳의 모든 글자입니다. 기록된 모든 것은 하나님 자신
에게서 온 것입니다. 스스로 완전하신 계시의 하나님이 우리
에게 자신을 계시하셨습니다. 그 계시는 지금 이대로 완전합
니다.

은혜의 관계

우리가 그리스도에게서 받은 계명은 단순명료합니다.
하나님에 대한 사랑은 사람에 대한 사랑을 포함한다는 것입니다.
요한일서 4:21

우리는 날마다 현실에 부딪칩니다. 가정에 문제가 있습니다. 자녀들이 다투고 싸웁니다. 자식 농사가 뜻대로 안 됩니다. 우리는 실패를 겪습니다. 죄책감이 듭니다.

물론 가정에 문제가 있습니다. 하지만 이는 내가 나기도 전 옛날부터 있었던 문제입니다. 불평하거나 죄책감을 품어 봐야 소용없습니다. 대신 우리는 성령께서 주시는 새로운 기초 위에서 가정 생활을 가꾸며 노력할 수 있습니다. 혈연관계가 은혜의 관계로 변합니다. 성령의 공동체인 교회의 기본 원리가 동일하게 우리 가정에도 교훈과 구속^{redemption}을 가져다줄 수 있습니다.

영원한 행복

하나님은 누구에게나 좋으신 분,
행하시는 일마다 은혜가 넘칩니다.
시편 145:9

　누구나 행복을 원합니다. 복 받기 원합니다. 하나님도 우
리의 행복을 원하십니다. 그런데도 악착같이 그분을 외면하
는 사람들이 너무 많습니다. 무지하게도 그들은, 기독교의 방
식이 내 방식보다 행복을 얻기에 더 어려운 길이라 생각합니
다. 틀린 생각입니다. 하나님의 임재와 하나님의 길이야말로
우리가 영원한 행복을 맛보는 곳입니다.

온전해짐

믿음의 공동체 안에 있는 가까운 사람들에게부터
그 일을 시작하십시오.
갈라디아서 6:10

삶을 개선하고 자신의 감정을 좋게 하려고 교회에 오는 사람들이 있습니다. 또는 하나님의 구원과 통치를 바라며 교회에 오는 사람들도 있습니다.

전자는 종교를 성공과 행복한 삶의 길로 봅니다. 성공이나 행복을 방해하는 것은 무엇도 용납될 수 없습니다. 후자는 종교를 다치고 상하고 흠 많은 인간이 하나님과의 관계 속에서 온전해지는 길로 봅니다. 그 실체를 심화하고 확장하기 위해 그들은 무엇이든 다 수용합니다. 조롱, 고통, 금욕, 자아 부인도 수용합니다.

하나는 내가 원하는 것을 받드는 길입니다. 또 하나는 하나님이 원하시는 모습이 되고자 자신을 드리는 길입니다.

하나님과 친밀하게

너희가 아들이므로
하나님이 그 아들의 영을 우리 마음 가운데 보내사
아빠 아버지라 부르게 하셨느니라.

갈라디아서 4:6, 개역개정

아빠abba는 예수님의 모국어인 아람어 단어입니다. 아버지를 뜻하되 친근감 있는 구어적 표현입니다. 우리에게 가장 근접한 단어는 아빠daddy, papa입니다.

그리스도 안에서 우리는 하나님과 전례 없이 친밀한 관계에 들어섭니다. 구약 성경 어디에도 하나님은 아빠 아버지로 불린 적이 없습니다. 그러나 예수님은 기도할 때 언제나 하나님을 아버지라 부르셨습니다. 자녀의 신분은 선물입니다. 아버지를 친근하게 부르는 자녀의 특권이 거기서 나옵니다.

성경적 사랑

하나님께서 이 세상을 얼마나 사랑하셨는지,
그분은 하나뿐인 아들을 우리에게 주셨습니다.

요한복음 3:16

세상과 자아는 하나님 사랑의 이중 초점입니다. 하나님이 행동하시는 형태에서 세상을 향한 것과 개인을 향한 것은 서로 다르지 않습니다. 영혼에게는 인격적 사랑에 기초하여 대하시고, 국가에게는 비인격적 편의에 근거하여 대하시는 하나님이 아닙니다. 양쪽 다 사랑입니다.

물론 사랑을 표현하는 형태가 사회와 가정에서 서로 달라야 하는 것은 당연합니다. 공공 부문에서 사랑이 표현되는 일반적인 형태는 정의에 대한 열정이어야 합니다. 입맞춤보다는 법 제정이, 열두 송이 장미보다는 강력한 정책이 추구돼야 합니다. 그러나 사랑의 성경적 기초만은 절대 변할 수 없습니다.

하나님의 음성을 들을 때

내가 다시는 여호와를 선포하지 아니하며
그의 이름으로 말하지 아니하리라 하면
나의 마음이 불붙는 것 같아서 골수에 사무치니
답답하여 견딜 수 없나이다.

예레미야 20:9, 개역개정

예레미야는 예루살렘 군중이 하나님에 대해 무엇을 듣고 싶어 하는지 알아내려고 여론 조사를 실시하지 않았습니다. 역설해야 할 도덕 행위의 수준을 정하고자 사람들에게 손을 들어 보라고 하지도 않았습니다.

하나님이 그의 행동을 조성하셨습니다. 하나님이 그의 삶을 지도하셨습니다. 하나님이 그의 지각을 훈련하셨습니다. 이 조성과 지도와 훈련은 그가 하나님의 음성을 듣고 그분께 말씀드리는 가운데 이루어졌습니다. 그는 하나님의 말씀을 오래오래 간절히 묵상했습니다. 그는 하나님이 하시는 모든 일에 동참하고 싶어 했습니다.

창조의 자유

친구 여러분, 창조적으로 사십시오!

갈라디아서 6:1

우리는 하나님 형상대로 지음 받았습니다. 그분이 창조주이시니 우리도 창조자입니다. 나는 그렇게 믿습니다.

우리의 유년기 경험은 창의력을 살려 주지 못할 때가 많습니다. 우리는 선 밖으로 나가선 안 된다고 배웁니다. 학교와 직장과 가정과 일터 어디서나 이미 누군가 정해 둔 테두리가 우리에게 주어집니다. 학습, 기도, 놀이, 작업 등 무엇이든 그 테두리 안에서 해야 한다는 지시사항과 함께 말입니다. 이런 위협은 소름끼칠 정도로 성과가 좋습니다.

그리스도 안에서 우리는 창조의 자유를 얻었습니다. 하나님을 향하여, 사람들과 더불어, 세상 속에서 복사기가 아닌 예술가로 살라고 그분은 우리를 자유케 하셨습니다. 하나님께 받은 나만의 것으로 독창적인 삶을 살라고 그분은 우리를 자유롭게 하셨습니다.

성공에 대한 기억

하나님, 내게 인생의 교훈을 가르치셔서
내가 그 길을 끝까지 따라가게 하소서.
시편 119:33

성경 역사는 실패에 대한 좋은 기억입니다. 성공에 대한 좋은 기억이기도 합니다. 아주 맛있었던 국의 요리법을 기억해 두었다가 다른 날 써먹는 것과 같은 이치입니다.

기억이 엉성한 그리스도인은 모든 일을 밑바닥에서 시작해야 합니다. 같은 길을 다시 찾느라 너무 많은 시간을 허비합니다. 기억이 실한 그리스도인은 옛 죄의 반복을 피합니다. 복잡한 상황을 벗어나는 가장 쉬운 길을 알고 있습니다. 날마다 다시 시작하는 대신에 아담 때부터 시작된 일을 뒤이어 계속합니다.

긍휼의 하나님

내가 소리 높여 하나님께 부르짖네.
큰소리로 하나님께 자비를 구하네.

시편 142:1

압살롬의 반역으로 다윗이 예루살렘을 떠나 피신할 때
시므이가 저만치 등성이를 따라오며 돌을 던지고 저주를 퍼
부었습니다.^{삼하 16:5-14}

저주 소리에 다윗은 정신이 들었습니다. 자신의 과거가
되살아났습니다. 자신이 저지른 모든 잘못, 자신이 저버린 모
든 사람이 기억났습니다. 다윗은 방어적인 자세로 응징을 벼
를 수도 있었지만 그러지 않았습니다. 그는 자신의 근본 정체
가 '왕'이 아니라 '죄인'이라는 사실을 받아들였습니다. 자신
이 오직 하나님의 긍휼로만 살아갈 수 있는 자임을 인정했습
니다.

고난을 통해 다윗은 하나님의 긍휼과 은혜와 사랑의 임
재 안으로 들어갔습니다.

완전한 승리

지금도 하나님께서는 우리를 그분이 원하시는 곳에 두시고,

이 세상에서나 저 세상에서나,

그리스도 예수 안에서 은혜와 사랑을

우리에게 쉼 없이 쏟아부어 주십니다.

에베소서 2:7

교회 안에서, 우리는 언제나 인정받는 과정에 있습니다. 우리는 우리 삶의 잘되는 부분들을 발견합니다. 그런 부분을 찾을 때마다 열정과 자신감과 확신이 생깁니다……. 우리는 또 언제나 교정받는 과정에 있습니다. 하나님의 말씀은 예리한 면이 있어서, 기어이 우리의 나태와 교만과 탐욕을 들추어 냅니다. 하나님이 우리 안에 이루신 완전한 승리에서 우리를 끊어 놓는 모든 것들을 말씀은 지적합니다…….

그리고 우리는 동기를 부여받는 과정에 있습니다. 평생 열심히 살아갈 동기가 있으면 모든 음침한 골짜기와 모든 메마른 광야를 충분히 지날 수 있습니다. 이런 동기를 심어 주기에 충분한 것은 영생의 약속, 오직 영생의 말씀뿐입니다.

착각이여, 안녕

이 예수를 하나님이……화목제물로 세우셨으니.

로마서 3:25, 개역개정

우리 사회에 자기 자신과 세상 전반의 뿌리깊은 타락에 대해 착각이 없다고 믿어도 좋은 자들이 있다면, 대개 그리스도인들입니다. 예로부터 지금까지 그토록 시종일관 악을 악이라 부르기를 고집한 공동체는 없습니다. 자신들의 합리화를 그토록 가차없이 노출한 공동체도 없고, 자신들이 공범자임을 그토록 용감하게 고백한 공동체도 없습니다. 기독교 공동체는 어느 단체보다 세상의 문제를 잘 알면서도 동시에 그에 대한 냉소나 절망이 적습니다. 너무도 당연한 일입니다.

하나님이 하시는 말씀

그리스도께서 교회를 사랑하시고
그 교회를 위하여 자신을 주심같이 하라.
이는 곧 물로 씻어 말씀으로 깨끗하게 하사 거룩하게 하시고.
에베소서 5:25-26, 개역개정

요한복음에서 요한은, 그리스도를 말씀으로 표현합니다. 다른 어느 복음서 기자보다도 그는 말씀하시는 그리스도를 우리에게 보여줍니다. 성경적 믿음은 도덕적·영적 안개 속의 뜬구름 잡기가 아닙니다. 그것은 예수 그리스도의 정확한 말씀에 대한 반응입니다. 성경은 말씀하시는 하나님으로 시작됩니다. 그분의 말씀으로 천지가 생겨났고 구원이 이루어집니다. 소중한 언어의 은사를 사용하여 사람들이 반응을 보임에 따라―그것이 기도입니다―하나님의 말씀은 대화로 바뀝니다. 하나님이 하시는 말씀도 중요하고 우리가 하는 말도 중요합니다. 예수 그리스도의 발언 안에 그 둘이 함께 있습니다.

악에서 보전하심

우리를 시험에 들게 하지 마시옵고
다만 악에서 구하시옵소서.
마태복음 6:13, 개역개정

삶의 냉혹한 현실을 직시하는 데 있어 성경보다 사실적이고 정직한 책은 없습니다. 믿음의 삶에 고난이 면제된다는 암시는 털끝만큼도 없습니다. 믿음의 삶에 약속된 것은 고난 속의 모든 악에서 하나님이 우리를 보전하신다는 것입니다.

성경 어디에나 나오듯이, 믿음은 고난을 만나게 되어 있습니다. 주기도문의 여섯번째 간구는 "우리를 시험에 들게 하지 마시옵고 다만 악에서 구하시옵소서"입니다. 믿음의 길을 걷는 자들의 삶 속에 이 기도는 날마다 응답됩니다. 하루에 여러 번씩 응답될 때도 있습니다.

예배란 인정하는 것

네 생물이 이르되 아멘 하고 장로들은 엎드려 경배하더라.
요한계시록 5:14, 개역개정

아멘은 "예"라는 뜻입니다. 우리를 인정하시는 하나님을 예배로 인정하는 표현입니다. 하나님은 우리에게 "예" 하십니다. 우리도 그분의 "예"에 "예, 아멘"으로 응답합니다. 예배란 인정하는 것입니다.

예배 행위의 최종 결과는 삶의 방향 전환입니다. 우리는 거절하고 거부하고 거부당하던 역사를 안고 하나님께 나옵니다. 하나님의 보좌에서 우리는 하나님의 "예"에 푹 잠깁니다. 그 "예"가 우리의 모든 "아니요"를 잠재우고 우리 안에서 화답의 "예"를 불러냅니다.

하나님의 통치

아름다움과 거룩함이 주님의 궁전에 법도로 자리 잡으니,
마지막 때까지 그러할 것입니다.

시편 93:5

하나님은 통치하실 때도 그 성품의 정수를 버리시지 않
습니다. 하나님의 변치 않는 사랑과 깊은 거룩함은 어느 때보
다도 통치에 더 잘 나타납니다. 인간 역사의 진흙탕 속에서 통
치권을 행사하실 때도 하나님은 거룩한 사랑의 옷을 벗지 않
으십니다. 하나님의 통치는 목표와 수단이 일치합니다. 둘 다
거룩함입니다. 이는 성스러움을 잃어 세속화되고 더럽혀진
우리 세상을 다스리시는 하나님 통치의 아름다움입니다. 그
아름다움은 계속해서 점진적으로 만유에 스며듭니다.

예리함과 능력

어째서 너희는 살아 계신 분을 무덤에서 찾고 있느냐?
그분은 여기 계시지 않고, 다시 살아나셨다.
누가복음 24:5

예수님은 실제로 죽으시기 오래 전부터 자신이 죽을 것을 아셨습니다. 그분은 십자가의 죽음이 기다리고 있음을 알면서 일부러 예루살렘으로 향하셨습니다. 한없는 고통 속에 천천히 찾아온 죽음. 그 모든 과정 중에도 그분은 놀라운 생기와 아름다움과 믿음을 그 말씀과 존재로 보여주셨습니다. 호산나의 환호가 있었습니다. 소망과 약속에 찬 대화가 있었습니다. 괴로운 책망도 있었습니다. 그리고 애정에 찬 희생적 사랑의 행위가 있었습니다. 임박한 죽음조차 예수님 안에 계시되는 하나님을 막을 수 없었습니다. 오히려 예리함과 능력을 더해 주었습니다. 그리고 그 계시는 부활로 확증되었습니다.

세상의 빛

그 성은 해나 달의 비침이 쓸데없으니
이는 하나님의 영광이 비치고 어린 양이 그 등불이 되심이라.
요한계시록 21:23, 개역개정

그리스도 안에서 우리가 보고 따르는 빛은 어둠을 이깁니다. 이것이 그리스도인의 믿음입니다.

요한이 본 천국 환상이 그것을 확인해 줍니다. "하나님의 영광이 비치고……다시 밤이 없겠고."계 21:23, 22:5 그러나 여기에는 빛의 확인과 밤의 소멸 이상의 것이 있습니다. 그 성의 기초는 열두 보석입니다. 이 보석들은 빛의 존재를 확인해 줄뿐 아니라 빛의 충만함을 말해 줍니다. 색들이 모여서 빛이 됩니다. 열두 보석은 색들을 분리하여 강조와 찬양의 의미로 하나씩 받들어 올립니다.

넘쳐흐르는 긍휼

내게 주시는 주님의 말씀은 모두 기적의 말씀,
어찌 내가 따르지 않겠습니까?

시편 119:129

성경에 계시된 세상은 먼저 하나님과 관계된 곳입니다.
내 작은 거주지보다 훨씬 넓고 큰 세상입니다. 우리는 죄로 찌
든 상태로 살고 있으며, 대체로 자기 자신을 압니다. 자신의
감정과 좌절, 욕망과 생각, 성취와 발견, 실패와 상처를 압니
다. 하지만 성경은 깊고 넓습니다. 하나님의 사랑과 은혜, 상
상을 초월한 긍휼과 신비가 넘쳐흐릅니다.

9

하나님은
우리에게 좋은 것을
주려 하십니다

하늘에 계신 주

하늘에 계시는 하나님, 주님을 바라봅니다.
도움을 바라며 주님을 앙망합니다.

시편 123:1

하나님을 이해하려면 그분의 기준으로 이해해야 합니다. 하나님의 실체를 보려면 권위의 자리, 곧 성경과 예수 그리스도를 보아야 합니다.

그 밖의 다른 방법도 우리가 정말 원합니까? 그렇지 않을 것입니다. 퍼즐처럼 내 힘으로 풀 수 있고 연장처럼 사용법을 배울 수 있는 신이라면, 우리는 금세 모멸감이 들 것입니다. 우리에게 주목받을 자격이 있는 신이라면, 그분은 우리가 우러를 수 있는 하나님이어야 합니다. 우리가 우러러야만 하는 하나님이라야 옳습니다. "하늘에 계시는 하나님, 주님을 바라봅니다."

검증된 도움

하나님이 그 성 중에 계시매 성이 흔들리지 아니할 것이라.
새벽에 하나님이 도우시리로다.
시편 46:5, 개역개정

하나님은 잘 검증된 도움, 실효성이 입증된 도움입니다.
5절에 돕는다는 말이 나옵니다. "새벽에 하나님이 도우시리
로다." 예루살렘 성경은 좀 더 생동감 있게 "새벽에"를 "먼동
이 틀 때"로 직역했습니다. 하나님은 우리가 한나절이나 생의
절반을 어물어물 보낸 후에야 눈 비비며 나타나셔서, 뭐 도와
줄 게 없느냐고 물으시는 분이 아닙니다.

그분은 우리가 살고 있는 세상을 아시며 우리의 연약함
을 아십니다. 친히 세상에 거하신 적이 있기 때문입니다.요 1:14
그분은 우리의 필요와 계획을 미리 내다보십니다. "먼동이 틀
때", 도움이 필요한 바로 그때, 그분은 우리 곁에 계십니다.

하나님을 상기시켜 주는 이들

너희가 내게 대하여 제사장 나라가 되며.

출애굽기 19:6, 개역개정

우리를 구원하시는 하나님을 민망할 정도로 자주 잊어버리는 우리들입니다. 우리와 함께하시는 하나님을 두고 너무도 쉽게 한눈파는 우리들입니다. 그런 우리들인지라, 하나님을 상기시켜 주고 하나님 앞에 다시 서게 해줄 제사장들이 필요합니다. 그것도 많이 필요합니다. 하나님은 우리의 필요를 아시고 우리를 제사장 나라에 두셨습니다. 대개 그들은 제사장 같아 보이지 않는 제사장, 제사장 냄새가 나지 않는 제사장, 제사장처럼 입지 않는 제사장, 제사장처럼 말하지 않는 제사장입니다. 그런 제사장들이 우리 곁에 있습니다.

복음의 약속

그리스도께서 하나님 곧 우리 아버지의 뜻을 따라······
우리를 건지시려고 우리 죄를 대속하기 위하여
자기 몸을 주셨으니.

갈라디아서 1:4, 개역개정

하나님을 거역하며 살려는 자들은 하나같이 삶이 형편 없습니다. 그런 사람들은 어느 시대에나 있습니다. 죄는 삶의 능력을 파괴합니다. 우리의 생명력을 약화시킵니다. 눈이 멀어 진리를 보지 못하게 합니다. 건강한 사랑과 든든한 평안을 누리지 못하도록 우리를 무력하게 만듭니다. 우리는 죄에서 해방되어야 합니다. 그 해방을 하나님이 주십니다. 시대가 변하고 세대가 바뀌어도 "하나님 곧 우리 아버지의 뜻을 따라" 우리에게 해방을 주십니다. 이것이 복음의 약속입니다.

9
/
5

절대 유일무이한 존재

우리는 저마다 하나님의 독특한 작품입니다.
갈라디아서 5:26

　　우리 각자는 경험과 지식과 상황의 독창적인 조합입니다. 나만의 유일무이한 삶의 방식을 누가 대신 정해 줄 수 없습니다. 아무리 지혜롭고 권위적인 사람이라도 할 수 없습니다. 그것은 나 자신의 믿음의 반응을 통해, 성령 안에서 창조적으로 풀어 가야 할 숙제입니다.

　　관계에 따라 상대의 적성을 정확히 아는 이들은 늘 있습니다. 그러나 사람 자체를 그만큼 잘 아는 사람은 없습니다. 우리 각자는 전례 없는 독특한 선물입니다. 그 상태로 우리는 사역에 쓰임 받습니다. 누구든 딴소리하는 사람에게 우리는 얼마든지 저항할 자유가 있습니다.

기쁨과 평안

길을 개척한 이 모든 사람들……이 무슨 뜻인지 알겠습니까?
그들이 열어 놓은 길을 따라
우리가 앞으로 나아가야 한다는 뜻입니다.……
절대로 멈추지 마십시오!

히브리서 12:1

목사로서 내 일은 사람들을 행복하게 해주거나 문제를 해결해 주는 것이 아니라, 그들 삶 속에 운행하고 있는 은혜를 보도록 도와주는 것입니다. 어려운 일입니다. 우리 문화 전체가 딴 방향으로 가고 있기 때문입니다. 이 시대의 문화는 어느 정도 똑똑하고 제대로 도움만 받으면 당신의 모든 문제를 해결할 수 있다고 말합니다. 사실 성경에는 행복한 사람이 별로 많지 않습니다. 다만 그들은 기쁨과 평안을 누리며 자기 삶 속에서 그리스도의 고난의 의미를 맛보는 자들입니다.

9 / 7   기도하는 공동체

하나님을 신뢰하는 이들, 시온 산과 같다네.
결코 흔들리지 않고.
시편 125:1

시편의 모든 시는 공동체 안의 기도입니다. 사람들이 모여 하나님 앞에 집중하고, 공통의 자세와 동작과 말에 참여하고, 자신과 서로를 주님께 드립니다. 기도는 개인 행위가 아니라 가족 집회입니다.

기도는 흔히 혼자 있을 때 시작됩니다. 우리 마음 깊은 곳에 "말할 수 없는 탄식"이 있습니다. 우리는 죄책과 상처와 기쁨을 기도로 아뢰되 회중으로 모이거나 교회에 갈 때까지 기다리지 않고 그 자리에서 당장 아룁니다. 그러나 이런 기도가 온전히 성숙하게 피어나려면 기도하는 공동체 안에 통합되어야 합니다.

고난의 의미를 찾아

친절하고, 인정 많고, 사랑하고, 자비로우며,
겸손한 사람이 되십시오.
이것은 여러분 모두에게 해당하는 사항이니,
한 사람도 빠짐없이 그렇게 하십시오.

베드로전서 3:8

성경이 고난을 다루는 방식은 개인 차원을 공동체 차원
으로 승화시키는 것입니다.

대부분의 문화가 이 점을 자연스레 이해하고 있습니다.
고난받는 사람이 있으면 친구들이 곁에 와서 함께 울고 함께
기도합니다. 공동체의 슬픔입니다. 그들은 울음을 고치도록
말리지 않고 오히려 가세합니다.

다른 사람들이 나와 함께 울지만, 고난에는 나 자신의 하
찮은 연약함이나 이기적 상실감 이상의 것이 있을 수밖에 없
습니다. 울 만한 가치가 있는 고난이 존재한다는 것을, 공동체
는 눈물로 인정합니다.

차분한 시간

육 일 동안 일하면서 네 할 일을 다 하여라.
그러나 일곱째 날은 하나님 너희 하나님의 안식일이다.
출애굽기 20:9-10

안식일이란 정신없이 돌아가는 내 온갖 활동에 거리를 두는 차분한 시간과 공간입니다. 그때 우리는 하나님이 여태 해오셨고, 현재 하고 계신 일을 볼 수 있습니다. 매주 하루씩 꾸준히 일을 쉬지 않는다면 나 자신을 너무 대단하게 여기는 것입니다. 이마에 도덕적 땀을 쏟는 동안 우리의 영적 눈이 멀어 갑니다. 내 안팎에 가득한 하나님의 근원적인 일하심이 보이지 않습니다.

안식일을 지키는 것은 내면의 소음을 잠재우고 주님의 세미한 음성을 듣는 것입니다. 어지러운 교만을 제거하고 그리스도의 임재를 느끼는 것입니다.

하나님은 깡패가 아니다

주님은 우리의 살아 계신 아버지이십니다!
영원 전부터 이름 높으신 우리의 속량자이십니다.

이사야 63:16

　　하나님은 권위를 어떻게 행사하십니까? 분명 고압적인 방법은 아닙니다. 그분은 강제로 밀어붙이시지 않습니다. 초대교회의 한 교부는 이렇게 표현했습니다. "무력은 하나님의 속성이 아닙니다." 하나님은 깡패가 아닙니다. 폭군이 아닙니다. 그분은 자녀들을 마구잡이로 다루시지 않습니다. 그분은 우리를 창조하시고 부양하시고 사랑하시고 훈련하십니다. 그러나 무엇이든 억지로 시키시지는 않습니다. 교정과 벌, 끈질긴 교육과 분명한 모범, 역사와 상황을 통한 훈련이 있습니다. 그러나 그분은 우리에게 자기 뜻을 강요하시지 않습니다.

이름을 부르심

목자는 자기 양들의 이름을 하나하나 불러
밖으로 데리고 나갑니다.

요한복음 10:3

아기가 태어나면 우리는 일런번호를 붙이지 않고 이름을 지어 줍니다. 언어의 일부인 이름을 통해, 나는 한 인간으로 인정받습니다. 우리는 동물의 종種으로 분류되지 않습니다. 화학 합성물 딱지가 붙지도 않습니다. 잠재적인 경제성을 따진 현금 가치가 매겨지지도 않습니다. 우리는 이름으로 통합니다.

이름에는 의미가 있습니다. 내 이름에는 더 이상 분해할 수 없는 나만의 특징이 들어 있습니다.

이름의 의미는 사전에 있지 않고 무의식 속에 있지 않고 활자 크기에 있지 않습니다. 이름의 의미는 하나님과의 관계 속에 있습니다.

넘치는 축복

나의 하나님이 그리스도 예수 안에서
영광 가운데 그 풍성한 대로 너희 모든 쓸 것을 채우시리라.

빌립보서 4:19, 개역개정

현실관이 잘못되어 있으면 삶에 대처하는 방식도 잘못될 수밖에 없습니다. 하나님을 가혹하고 독재적이고 성난 분으로 생각하면, 우리는 두렵게 살아갈 것입니다. 하나님을 인색한 구두쇠로 생각하면 우리는 착취당하는 기분으로 살아갈 것입니다. 하나님을 추상적이고 비인격적인 존재로 생각하면 우리는 목적 없이 시큰둥하게 살아갈 것입니다.

복음은 하나님이 모든 것을 공급하신다고 가르칩니다. 그분께는 복과 구원이 넘칩니다. 이런 현실관이 있을 때 우리는 막힐 것 없이 당당하게 살아갑니다. 자신감에 차서 기쁘게 살아갑니다. 마음껏 믿고 마음껏 바라고 마음껏 사랑합니다.

승리의 노래

하나님의 강력한 이름은 우리의 도움,
하늘과 땅을 지으신 하나님이라네.
시편 124:8

믿음이란, 실존의 가장 편한 부분에서 나오지 않고 가장
힘든 부분에서 나옵니다.

우리는 살벌한 세상에서 칭찬의 말을 건넵니다. 문제투
성이 세상에서 승리의 노래를 부릅니다. 나를 이해해 주지도
않고 격려해 주지도 않는 사람들 틈에서 기쁘게 살아갑니다.
우리 삶의 내용은 인간이 아니라 하나님입니다. 우리는 세상
의 후미진 뒷골목에서 쓰레기통을 뒤지며 근근이 목구멍에
풀칠이나 하는 자가 아닙니다. 우리는 긍휼이 풍성하시고 능
력으로 구원하시는 하나님을 향하여 빛 가운데 행하는 순례
자입니다. 우리 삶을 규정하는 것은 문화가 아니라 그리스도
입니다. 우리의 하루하루를 빚는 것은 우리에게 닥쳐오는 위
험이 아니라 우리가 경험하는 도움입니다.

삶의 틀

지극히 높은 너희 하나님을 사랑의 눈길로 바라보아라.
나는 정치보다 중요하고 세상 모든 것보다 귀하다.

시편 46:10

문명은 풀리지 않는 문제와 대책 없는 난제로 신음하고 있습니다. 세상 최고의 지성들은 막다른 골목에 봉착했습니다. 이런 난국을 맞아 그리스도인들의 가장 요긴한 기여는 역시 기도입니다. 기도는 살아 계신 인격적인 하나님을 만나는 행위입니다. 마음을 단단히 먹고 적잖은 시간을 들여 꾸준히 만나는 것입니다.

그렇다고 기도만 하는 것은 아닙니다. 우리는 자녀도 기르고 잔디도 깎고 살림도 꾸립니다. 지식을 구사하고 행동을 정립합니다. 도덕적 결정도 내리고 책임감 있게 용기도 발휘합니다. 기도에서 삶의 틀과 행동이 나옵니다.

하나님의 영광

나는 내 손을 들어 내 주를 해하지 아니하리니
그는 여호와의 기름 부음을 받은 자이기 때문이라.
사무엘상 24:10, 개역개정

한밤중에 사울의 진에 들어간 다윗은 무방비 상태로 곤히 잠든 사울을 만났습니다. 쉽게 죽일 수 있었지만 그는 죽이지 않았습니다. 광야에 단련된 다윗의 눈이 사울 위에 멎었을 때 그가 본 것은 원수 사울이 아니라 하나님의 기름부음을 받은 사울이었습니다. 텅 빈 광야의 고독과 침묵 속에서 다윗은 아무도 하나님의 영광을 보지 못하는 데서—사울 안에서—하나님의 영광을 볼 수 있었습니다. 그는 주변 모든 사람의 언동에 구애받지 않고 차분했습니다.

광야의 시련을 통해 다윗은 이전에 생각지도 못했던 자리, 생각지도 못했던 것들 속에서 하나님을 보는 법을 배웠습니다.

크게 살자

내가 열거해 보겠다.
하나님의 자애로운 업적을,
하나님이 행하신 찬양받으실 일들을.
이사야 63:7

하나님을 추상적인 원리나 도덕 교과서나 경제 해결사, 정치 후원자나 호화 유람선으로 전락시키려는 성향과 세력이 안팎으로 우리를 에워싸고 있습니다. 하나님은 측정되고 사용되고 계량되고 수집되고 통제되고 감각될 수 있는 존재로 전락합니다. 이런 환원주의 시각을 수용하는 한, 우리 삶은 권태와 우울에 빠져 초라해질 수밖에 없습니다. 우리 삶은 유리병 속의 도토리처럼 발육이 멎습니다. 참나무가 자라려면 토양과 햇볕과 비와 바람이 있어야 합니다.

자기를 부인하라

무리와 제자들을 불러 이르시되
누구든지 나를 따라오려거든 자기를 부인하고
자기 십자가를 지고 나를 따를 것이니라.
마가복음 8:34, 개역개정

마가복음 초반부에 예수님은 주로 우리를 위해 일하시고 우리에게 세상 이치를 가르치시는 분으로 등장합니다. 그분은 도와주시고 치유하십니다. 지도하시고 가르치십니다. 모든 것을 회복하시고 만물을 새롭게 하심으로 우리에게 하나님을 계시하십니다. 바로 그 시점에—한순간도 더 전이 아니라—예수님은 "자기를 부인하고 날마다 자기 십자가를 지라"는 자기 부인의 사명을 처음 말씀하십니다.

명심하십시오. 이는 복종해야 할 금령이 아니라 끌어안아야 할 자기 부인입니다. 그분은 제자들을 사슬에 묶어 예루살렘으로, 십자가로 데려가시지 않습니다. 그분은 부활에 이르고자 포기를 끌어안은 자기를 따르라고 그들을 부르십니다.

믿음은 영원하다

아버지, 이 사람들을 용서해 주십시오.
이 사람들은 자기들이 무슨 일을 하는지 모릅니다.

누가복음 23:34

믿음은 영원합니다. 우리는 예수님의 예를 기억합니다. 안팎으로 그토록 처참하고 매정하게 두들겨 맞은 사람이 또 있습니까? 우선 그분을 곁길로 빗나가게 하려는 교활한 시도들이 있었습니다. 발전하기 위한 제안으로 위장한 모든 유혹이 있었습니다. 그러다 모든 유혹이 수포로 돌아가자 잔인한 공격으로 상황이 돌변했습니다. 그분의 몸은 고문실로 바뀌었습니다. 그리고 우리는 그 결과를 압니다. 무한한 자비("아버지, 이 사람들을 용서해 주십시오")와 다시없는 깊은 평화("아버지, 내 영혼을 아버지 손에 부탁하나이다") 그리고 부활이었습니다.

믿음이란 한 세기에 따르다 다음 세기에 버리는 유행이 아닙니다. 그 길은 영원합니다. 그것이 믿음의 길입니다.

하나님의 극장

산들이 하나님을 보고는
땅의 주님 앞에서 밀초처럼 녹아내립니다.
시편 97:5

　　자연은 우리가 하나님을 만나고 그분과 대화하는 장입니다. 기도할 때 우리는 이 자연 극장의 로열 박스에 앉습니다. 주변을 둘러봅니다. 거대한 산들이 하늘로 우뚝우뚝 솟아 있습니다. 바위를 타넘는 계곡물은 수풀 아래로 장엄한 빛의 쇼를 연출합니다.

　　시편 기자들은 이 극장의 정기 입장권을 갖고 있습니다. 그들은 숨 막힐 듯 외경에 젖어 기도합니다. 웃고 웁니다. 고민하고 당황합니다. 하소연하고 믿습니다. 모든 것이 그들 마음에 드는 것은 아닙니다. 어떤 장면에서는 당장이라도 일어나 나갈 것만 같습니다. 그러나 그들은 나가지 않습니다.

　　본업이 기도이기에 그들은 나가지 않습니다. 이 극장 바깥에 기도란 없습니다. 참된 기도란 없습니다.

진리로 산다

하나님은 우리가 충분히 자라서,
모든 면에서 그리스도처럼 온전한 진리를 알고,
사랑으로 그 진리를 말하기를 바라십니다.

에베소서 4:15

우리는 진리로 사는 법을 배워야 합니다. 감정으로, 세상
풍조로, 최신 통계가 말하는 무난한 도덕 기준으로, 광고에 나
오는 가장 만족스런 생활 방식으로 살아서는 안 됩니다. 성경
적 믿음은 우리에게 전문가들의 말, 여론 조사원들의 말, 정치
가들의 말, 목사들의 말을 가볍게 여기는 법을 가르칩니다. 우
리는 하나님 말씀을 듣는 법과, 모든 것을 하나님이 그리스도
안에서 주신 계시에 비추어 시험하는 법을 훈련합니다. 삶을
하나님 뜻에 비추어 성찰함으로, 모든 의미와 가치를 찾는 법
을 배웁니다.

우리의 후견인

이같이 율법이 우리를 그리스도께로
인도하는 초등교사가 되어.

갈라디아서 3:24, 개역개정

초등교사나 후견인으로 번역되는 그리스어 단어 파이다고고스paidagogos는 흔히 번역 과정에서 일부 의미가 잘려 나갑니다. 노예들을 거느릴 만큼 부유한 그리스 가정들은, 그중 나이가 많고 믿음직한 노예를 골라서 여섯 살부터 열여섯 살 사이의 자식들을 맡겼습니다. 후견인은 주인집 아이가 불상사나 해를 당하지 않도록 학교에 동행했습니다. 후견인은 교사가 아니었습니다. 그는 아이의 실제 교육과 전혀 무관했습니다. 다만 그의 의무는, 아이를 무사히 학교로 데려가 교사에게 인계하는 것이었습니다. 율법의 기능이 바로 그렇다고 바울은 말합니다. 율법은 우리를 믿음의 자리인 그리스도께로 이끕니다.

내 뜻을 버리고

여러분의 생명이 사랑에 달려 있다는 듯이,
온 힘을 다해 사랑의 삶을 추구하십시오.

고린도전서 14:1

　　사랑이란 기꺼이 내 뜻을 버리려는 마음으로 정의할 수
있습니다. 자원하여 십자가를 지는 것입니다.

　　결혼 생활에서 우리가 매일 상대하는 복잡한 실체가 있
습니다. 의지, 곧 뜻입니다. 의지는 하나님이 주신 것입니다.
결혼 생활에서 의지란 친밀한 삶의 공유를 스스로 선택하고
작정하고 이끌어 가는 자유입니다.

　　우리가 머잖아 배우듯이, 사랑이란 내 뜻을 상대에게 강
요할 때 싹트는 것이 아니라 오직 내가 상대의 뜻에 민감하게
반응할 때 생겨납니다. 간혹 이것이 쌍방으로 이루어질 때가
있는데, 그 결과로 더 큰 사랑이 싹트는 것입니다.

임재하시는 인격적 하나님

하나님은 내가 발 디딜 반석, 내가 거하는 성채.

시편 18:2

다윗은 하나님을 믿었고, 하나님을 생각했고, 하나님을 상상했고, 하나님을 불렀고, 하나님께 기도했습니다. 다윗의 실존의 가장 큰 부분은 자신이 아니라 하나님이었습니다.

다윗은 하나님 안에 푹 잠겼습니다. 모든 보이는 것은 보이지 않는 것의 계시였습니다. 다윗은 하나님을 은유로 불렀습니다.

그는 하나님의 어느 한 부분도, 나중에 생각하거나 한가할 때 토론하려고 선반에 얹어 두지 않았습니다. 그에게 임재하시는 인격적 하나님은 반응을 요구하셨습니다. "나는 하나님을 사랑합니다. 나는 하나님 안에 삽니다. 목숨을 다하여 하나님께 달려갑니다."

나 대신 우리

내 입에 하나님께 드리는 멋진 찬양 가득하고
내가 군중에 둘러싸여 그분께 할렐루야 노래하리라.
시편 109:30

복음은 우리를 공동체 안으로 끌어갑니다. 복음이 당장
에 가져오는 변화 중 하나는 문법의 변화입니다. 인칭대명사
가 나에서 우리로 바뀌는 것입니다. 나 대신에 우리가 됩니다.

신앙 공동체는 믿음 생활의 장입니다. 사랑은 따로 존재
할 수 없습니다. 사람들과 분리된 사랑은 교만으로 변질됩니
다. 은혜는 혼자 받을 수 없습니다. 사람들과 끊어진 은혜는
탐욕으로 부패합니다. 소망은 저 혼자 클 수 없습니다. 공동체
와 분리된 소망은 공상의 형태로 퇴색합니다. 신앙 공동체를
떠나서는 어떤 선물도, 어떤 덕도 자랄 수 없고 건강하게 존재
할 수도 없습니다.

전염되는 믿음

모든 일을 바로잡는 것이야말로 하나님이 하시는 일.
주님은 올바른 기준 정하기를 기뻐하시고
우리를 바로 서게 하시는 분.
시편 11:7

히브리인은 포교에 열을 올린 민족은 아니었으나 삶의
의미, 하나님과의 언약에 대해 더없이 진지한 민족이었습니
다. 그들은 다른 사람들을 자기네 생활 방식으로 개종시키려
고 대대적 운동을 벌이지는 않았으나 그들의 믿음은 전염성
이 있었습니다. 주변 민족들은 그들의 뜨겁고 감동적인 예배
에 매혹되었고, 거룩함과 성숙을 향한 순례에 마음이 끌렸습
니다. 유대인들의 증거를 통해 그들은 하나님의 실체를 보았
습니다. 세상을 창조하시고 고난 속에 들어오시며 구원의 길
을 여시는 그분을 보았습니다.

하나님이 주시는 사람들

여러분은 모두 같은 길, 같은 방향으로 나아감으로써,
내적으로나 외적으로 하나가 되도록 부름받았습니다.

에베소서 4:4

교회에서 발생하는 실망은 대부분 기대했던 것이 무산
됐기 때문입니다. 우리는 세상 권세를 용감히 에워싸는 헌신
되고 훈련된 남녀 군대를 기대하지만, 정작 교회에서 만나는
이들은 마당의 잡초 제거에 더 신경 쓰는 사람들입니다. 우리
는 사랑과 자비가 넘치는 성숙한 성도 공동체를 기대하지만,
교회 식당에서 일하다 보면 음식보다 험담이 더 많습니다.

그럴 때는 교회를 바꾸려 하기보다 내 기대를 점검하고
바꾸는 것이 더 중요합니다. 교회란, 우리가 조직하는 단체가
아니라 하나님이 주시는 모임입니다. 교회는 내가 함께 있고
싶은 사람들이 아니라, 하나님이 우리에게 함께 지내라고 주
시는 사람들입니다.

용감한 기도

어떤 신도 하나님만큼 위대하지 않습니다!
주님은 모든 일을 주관하시는 하나님.

시편 77:13-14

기도한다고 갈등이 없어질 줄로 생각하면, 그것은 오산입니다. 시편을 묵상한다고 하루의 불상사를 면할 줄로 생각하면, 그것은 오해입니다. 하나님을 바라본다고 냉혹한 현실을 느낄 겨를조차 없이 잔잔한 평안과 순수한 기쁨에 충만할 줄로 생각하면, 그것은 착각입니다. 자연은 난폭합니다. 정부도 난폭합니다. 사람들도 난폭합니다. 시편을 읽는다는 것은 충격적인 경험입니다. 기도는 용감한 행위입니다.

자신을 주시는 하나님

그분께서 가난한 이들에게 안심하고 살 곳을 마련해 주시고
그 가족들을 양 떼처럼 살뜰히 보살펴 주셨습니다.

시편 107:41

히브리어의 '가난하다'niyyim 는 단어와 '겸손하다'nawim 라는
단어는 아주 밀접한 관계가 있습니다. 가난은 사회·경제적 상
태를 나타내고, 겸손은 도덕적·영적 상태를 가리킵니다. 공통
점은 둘 다 소유욕이 없다는 것입니다. 상황 때문이든 본인의
선택의 결과든, 이 사람들은 힘이 없습니다. 이들은 자기 운명
의 고삐를 쥘 수 없거나 쥐지 않습니다. 힘이 없기에 이들은
하나님의 풍성하신 주권적 선물에 반응할 수 있고 그 선물을
받을 수 있습니다.

자기를 내주시고 우리를 복 주시는 하나님 안에 살기에,
우리는 무소유로 돌아갑니다.

자유로운 삶

그리스도께서 우리를 해방시켜
자유로운 삶을 살게 해주셨습니다.
……그 누구도 다시 여러분에게
종의 멍에를 씌우지 못하게 하십시오!
갈라디아서 5:1

어제까지만 해도 히브리인들은 사기가 잔뜩 꺾인 무력한 민족이었습니다. 그들은 잔인하고 괴팍스런 노예 제도에 시달렸습니다. 그런 그들이 오늘부터 승리를 얻어 자유인이 되었습니다. 그들은 구원자 하나님을 찬양했습니다. 그들은 노예 생활을 버렸고 그 바람에 편안한 안전, 세련된 문화, 익숙한 일상도 함께 버렸습니다. 황량한 광야에서 그들은 보이지 않는 하나님을 절대적으로 의존했습니다.

거기서 그들은 노예가 아니라 자유인으로 사는 법을 훈련했습니다. 행위가 아니라 믿음으로 사는 의미를 터득했습니다. 바로의 폭정이 아니라 하나님의 섭리와 은혜 아래 사는 의미를 깨달았습니다.

고통 중의 기도

하나님, 도와주소서.
이 몸, 바닥 모를 수렁에 빠져들고 있습니다!
시편 130:1-2

그리스도인은 고통에 부딪치면서 통과하기로 작정한 사람입니다. 그래서 시편 130편에는 고통에 대한 우리의 뻔한 반응들이 흔적조차 보이지 않습니다. 그렇게 뻔하게 반응하면, 우리의 인간다움도 잃고 고통 자체도 훨씬 감당하기 힘들어집니다. 이 시에는 입바른 '현답'이 없습니다. 닥쳐온 역경에 대한 강의가 없습니다. 남의 눈에 띄지 않도록 서둘러 문제를 가리려는 일회용 반창고도 없습니다.

그런 것이 하나도 없습니다. 다만 시편 기자는 고통을 주목하고 인정합니다. 그리고 그 속에서 기도합니다.

10

하나님은
후히 주십니다

기도란 실제적인 일

불쌍한 이들의 기도를 들어주실 때에,
주께서는 그들의 기도를 내치지 않으실 것입니다.
시편 102:17

기도는 우리를 하나님의 뜻으로 데려갑니다.

침묵의 천국에 행동이 준비되어 있습니다. 기도는 그저 제단에 쌓여 있지 않고 성령의 불과 섞여 땅으로 돌아옵니다. 기도는 내면의 활동 못지않게 외면의 활동입니다. 기도는 인간이 할 수 있는 가장 실제적인 일입니다. 기도는 신비한 도피가 아니라 역사 속으로의 개입입니다. 기도는 하나님의 행동에 동참합니다. 하나님은 우리의 부르짖음과 찬양과 간구와 중보를 모두 모아 사용하십니다. 하나님께 올라간 기도들이 이제 땅으로 내려옵니다.

이야기의 중간 부분

하나님, 다른 이들과 손잡고 빙 둘러서서
하나님의 노래 목청껏 부르며 하나님의 이야기를 전합니다.
시편 26:6-7

세상은 내가 창조한 곳이 아닙니다. 내 삶은 거저 주어진 것입니다. 타인들의 의지와 운명이 얽힌 이 세상의 복잡한 관계는, 내가 태어나기 전부터 이미 전격 가동되고 있었습니다. 제대로 살려면 꼭 알아야 할 것이 있는데, 우리는 이야기의 중간 부분에 살고 있다는 사실입니다. 이 이야기는 타자에 의해 시작되었고 종결될 것입니다. 그 타자는 하나님이십니다.

회개

회개하라. 천국이 가까이 왔느니라.

마태복음 3:2, 개역개정

회개는 감정이 아닙니다. 죄에 대한 후회가 아닙니다. 회개는 결단입니다. 지금껏 스스로 신이 되어 내 삶을 관리할 수 있다고 착각해 왔음을 인정하는 것입니다. 자력으로 살아갈 힘과 교육과 훈련을 지녔거나 얻을 수 있다고 속아 왔음을 인정하는 것입니다. 자신과 이웃들과 세상에 대하여 온통 거짓말만 들어 왔음을 인정하는 것입니다.

그리고 회개는, 하나님이 예수 그리스도 안에서 내게 진리를 말씀하시고 계심을 인정하는 것입니다. 회개는 예수 그리스도를 따르겠다는 결단입니다. 그분의 순례자가 되어 평화의 길을 걷겠다는 결단입니다.

도우시는 하나님

하나님은 우리의 피난처시요 힘이시니
환난 중에 만날 큰 도움이시라.
시편 46:1, 개역개정

"도와달라고 부르짖고 기도했지만 도움은 전혀 없었다"
는 항변에 대한 답은 이렇습니다. "하지만 도와주셨습니다. 도
움이 있었습니다. 바로 옆에 있었습니다. 당신은 전혀 다른 걸
찾고 있었을지 모르지만, 하나님이 베푸신 도움은 당신의 삶
을 영원히 건강하고 온전하게 해줄 것입니다."

기도의 사람은 왜 도움이 오지 않나 묻는 대신에, 지금
자기 삶 속에 벌어지고 있는 일을 주의 깊게 살필 줄 압니다.
그리고 이렇게 묻습니다. "혹 이것이 그분이 베푸시는 도움은
아닐까? 전혀 생각 못한 일이지만 이것이 정말 도움일 수도
있다."

삶의 중심

그분을 통해 우리는 그분의 생명을 풍성한 선물로 받았고,
또 이 생명을 사람들에게 전하는 긴급한 사명도 받았습니다.
예수를 향한 순종과 신뢰 속으로 뛰어들 때
사람들은 이 생명을 선사받습니다.

로마서 1:5

바울은 하나님 뜻에 복종했고, 하나님이 자기 안에서 일
하시게 해드렸습니다. 동시에 그는 다른 사람들을 자기 뜻에
맞추려는 자세를 버렸습니다. 자기 생각에 최선의 길이라고
그들을 억지로 꿰어 맞추지 않았습니다.

이것이 기독교 이야기의 핵심입니다. 우리는 그리스도
를 구주와 주님으로 영접합니다. 우리는 하나님이 삶의 살아
있는 중심임을 깨닫습니다. 그분과 생생하고 즐거운 관계 속
에 살아가는 방법도 그분이 주십니다. 우리는 도덕 규범으로
살지 않고 순종하는 믿음으로 삽니다.

회중 기도

서로 죄를 고백하고, 서로를 위해 기도하십시오.
그러면 여러분의 병이 낫고 온전해져서
더불어 살 수 있을 것입니다.
야고보서 5:16

기도의 요건이나 기준은 내 감정이 아닙니다. 회중 기도는 내가 그 사실을 점차 배우는 장입니다. 기도를 내 감정으로 평가하는 것보다 기도에 더 해로운 것은 없습니다. 어떤 의식이나 영적 주의력이나 평안이나 심지어 고뇌가 있어야만 기도할 수 있다는 생각도 해롭기는 마찬가지입니다.

그것을 혼자 배우기란 사실상 불가능합니다. 그러나 회중 속에 있으면 배우고 또 배웁니다. 기도란 내 마음이 내키든 내키지 않든 계속되며, 심지어 내가 시종 잠을 자더라도 계속된다는 것을 배우는 것입니다.

영원히 중요한 일들

부드러운 말은 꿀송이 같아서
영혼에 달고 몸도 금세 활력을 얻는다.
잠언 16:24

매일 은행이나 우체국이나 주유소 직원들과 마주치는 일은 그 자체로 죄와 은혜의 소재입니다. 그 사람들과 그 모든 만남은 믿음의 삶을 살아가는 데 중요한 세부 사항입니다. 그러나 우리는 그것을 모르고 지나갑니다. 우리는 하나님의 필요성을 절실히 느끼지 못하며 살 때가 대부분입니다. 그러나 우리가 하는 모든 일은 우리 믿음에 절대적으로 중요하며, 하나님은 그 안에 중요하게 개입하십니다.

온종일 우리는 자신도 모르게 영원히 중요한 일들을 합니다. 하루 종일 우리가 생각 없이 던지는 말들이, 사람들의 삶 속에 들어가 크고 작은 변화를 일으킵니다. 우리는 그것을 전혀 모릅니다.

입으로 나오는 말씀

너희가 듣고 있는 이 메시지는 나의 것이 아니라,
나를 보내신 아버지의 메시지다.

요한복음 14:24

　사람들을 하나님과의 대화로 불러들이는 예수님 모습이
요한복음의 굵은 줄기입니다. 더 이상 성경을 읽기만 하는 정
도가 아니라 하나님 음성을 듣는 세계입니다. 전자라면 아주
정통한 사람들이 많았지만 후자의 가능성은 가히 상상도 못
한 것이었습니다. 가나의 마리아, 한밤중의 니고데모, 사마리
아 여인, 베데스다의 병자는 이런 쌍방적 대화에 믿음으로 임
했고 성의를 다했습니다.

　하나님의 말씀을 그저 돌에 새기거나 액자에 그리거나
책에 기록해 둔 모습은 요한복음 어디에도 없습니다. 말씀은
언제나 소리입니다. 입으로 나오고 귀로 들립니다.

뭐가 문제인가

화를 연료로 삼아 복수심을 불태워서는 안 될 일입니다.
화난 채로 오래 있지 마십시오.

에베소서 4:26

분노는 가장 쓸 만한 진단 도구입니다. 분노가 들끓으면 뭔가 문제가 있다는 신호입니다. 뭔가 제대로 돌아가지 않고 있습니다. 어딘가 악이나 무능이나 미련함이 도사리고 있습니다. 분노는 주변 사람의 잘못을 냄새 맡는 우리의 제6감입니다.

그러나 분노가 하지 못하는 일이 있습니다. 분노는 문제가 밖에 있는지 안에 있는지 말해 주지 못합니다. 대개 우리는 일단 잘못이 밖에 있다고 생각합니다. 배우자나 자녀나 하나님이 뭔가 잘못했고 그래서 나는 분노한 것입니다. 그러나 분노를 잘 추적해 보면 잘못된 정보, 부족한 이해, 미숙한 마음 등 결국 내 안의 문제로 이어질 때가 많습니다.

이 일을 주께 하듯

하고 있는 일에 시선을 고정하여,
……하나님의 일꾼으로 그대의 일을 빈틈없이 하십시오.

디모데후서 4:5

주중에는 '먹고살기 위해' 일하고, 밤이나 주말에는 그 일의 의미 부족을 '기독교의 일'로 보충하려고 하는 사람들이 많습니다. 전혀 그럴 필요가 없습니다. 거의 모든 일이 제자도의 통로로 사용될 수 있습니다. 어느 시대에나 그리스도인들은 사회 각계각층의 수많은 직업에 종사하며 저마다 "주께 하듯" 그 일을 잘 해냈습니다. 그렇게 제자들이 만들어졌습니다. 그 수가 얼마나 많을지 누가 알겠습니까?

하나님과 결탁된 자

주께서 내 속과 겉을 빚으시고 모태에서 나를 지으셨습니다.
시편 139:13

아들 예레미야가 태어나던 날, 힐기야와 그 아내는 하나님이 아들의 삶 속에 행하실 일을 기대하며 이름을 지었습니다. 소망으로 그들은 앞날을 내다보았습니다. 여호와께서 그 아들을 통해 높임받으실 것을 내다보았습니다. 예레미야, 여호와께서 높임받으신다는 뜻입니다.

예레미야, 하나님의 이름과 활동과 결탁된 이름입니다. 예레미야에게 있어 유일하게 그 자신의 존재보다 더 중요한 것은 하나님의 존재였습니다. 그는 여호와의 이름으로 싸웠고 하나님의 실체를 추구했습니다. 그리고 그 과정에서 자라고 계발되고 무르익고 성숙했습니다. 그는 언제나 발돋움했고 언제나 진리를 더 갈구했습니다. 하나님과 더 가까워졌습니다. 더 자기답고 더 인간다워졌습니다.

지혜

지혜로운 이는 지혜를 쌓는다.

잠언 14:24

성경에서 미련함의 반대는 지혜입니다. 지혜는 삶의 기술을 가리킵니다. 지혜의 근본적인 의미는, 문제의 정답을 아는 사람이 아니라 하나님과 사람들에게 바르게 반응하여 바른 관계를 맺는 사람입니다.

지혜는 세상의 이치를 압니다. 인내와 사랑, 경청과 은혜, 흠모와 아름다움을 압니다. 지혜는 다른 사람들, 특히 내게 아무 득도 없는 사람들이 존귀한 피조물이며 존경과 우정의 대상임을 압니다. 지혜는 하나님이 항상 함께하시는 닻이요 모든 것을 품으시는 사랑임을 압니다.

반대쪽에서 시작되는 삶

여러분의 삶은 하나님을 깊이 의식하면서
나아가야 하는 여정입니다.

베드로전서 1:17

테크놀로지 시대의 고질적 과오는 우리 삶의 문제를 찾아 고치려 하는 것입니다. 보람 있는 소일거리가 있도록 굳이 할 일을 찾는 것입니다. 물론 고쳐야 할 문제도 있고 해야 할 일도 있습니다. 그러나 그리스도인의 삶은 반대쪽에서 시작됩니다. 우리가 아니라 하나님으로 시작됩니다. 하나님은 무엇을 하고 계시며, 나는 거기에 어떻게 반응합니까? 하나님은 사랑과 은혜를 어떻게 표현하고 계시며, 나는 거기에 어떻게 감사와 순종으로 살아갈 수 있습니까?

복판에서 바깥으로

하나님과 바른 관계를 맺고 사는 사람의 기도는,
하나님께서 헤아리실 만큼 강력한 힘을 발휘합니다.
야고보서 5:16

예배하는 회중 가운데 앉을 때 주관자는 내가 아닙니다. 누군가 기도 장소를 마련했고 누군가 기도 시간을 정했고 누군가 기도 시작을 알립니다. 이 모두는 하나님 말씀을 중심으로 이루어집니다. 성경과 설교로 귀에 들리는 하나님의 말씀, 세례와 성찬으로 눈에 보이는 하나님의 말씀.

바로 여기가 우리가 기도를 배우는 복판입니다. 물론 우리는 복판에 남지 않습니다. 기도의 줄은 방사선처럼 퍼지며 우리를 바깥으로 데려갑니다. 복판에서 우리는 작은 방과 산으로, 거리와 시장으로 나갑니다. 그리고 거기서 기도를 계속합니다. 복판에서 바깥으로 나가는 기도의 성질을 이해하는 것이 중요합니다.

변치 않는 하나님

하나님, 이스라엘의 하나님은 찬양받으실 분.
언제까지나 영원히.
시편 41:13

이스라엘은 하루하루 기복의 연속이었습니다. 어제까지 당당히 홍해를 가르고 승전가를 부르던 그들이, 오늘은 저녁 식단에 애굽의 고기와 감자가 아쉬워 광야에서 원망합니다. 어제까지 나팔을 불고 목청껏 찬송 부르며 여리고를 돌던 그들이, 오늘은 가나안의 다산^{多産} 신전에서 술놀음에 빠져 있습니다.

그러나 톱니처럼 들쭉날쭉한 그 역사를 읽노라면 시종일관 확고부동한 사실이 보입니다. 그들은 언제나 하나님의 백성입니다. 하나님은 변치 않고 그들과 함께 계십니다. 자비 중에도 심판 중에도 은혜가 다할 줄 모릅니다.

왕과 종

그리스도 예수께서 죄인을 구원하시려고
세상에 임하셨습니다.

디모데전서 1:15

예수님은 자주 자신을 인자^{人子}라 칭하셨습니다. 그때마다 사람들은 깜짝 놀라 어리둥절했을 것입니다. 그 호칭은 구원의 기대감을 불러일으켰습니다. 반면에 천사 부대를 불러 정권을 수립하지 않는 그분의 행동은 그 기대감을 무산시켰습니다. 그럼에도 그분은 계속 그 호칭을 고집하셨습니다.

여간해서 상상이 잘 안 되는 상호모순입니다. 나라에서 로마 군대를 쫓아내야 할 그 판국에, 인자는 창녀와 저녁을 드시고 점심 시간에 세리에게 들르시고 아이들을 축복하느라 시간을 허송하십니다. 성공한 바리새인들과 유력한 사두개인들을 아예 제쳐 두고 시시한 실패자들의 병을 고쳐 주십니다. 예수님은 자신의 가장 영광스러운 호칭과 그 문화의 가장 비천한 생활 방식을 나란히 놓으셨습니다. 그분은 왕처럼 말씀하시고 종처럼 행동하셨습니다.

인내

나는 선한 목자다.
선한 목자는 자기보다 양들을 먼저 생각해서,
필요하다면 자기를 희생하기까지 한다.
요한복음 10:11

기독교 제자도는 갈수록 내 의에서 눈을 떼어 하나님의
의에 주목하는 과정입니다. 삶의 의미를 찾되 내 기분과 동기
와 도덕을 파헤쳐서가 아니라, 하나님의 뜻과 목표를 믿어서
찾는 것입니다. 내 열정의 기복을 그리지 않고 하나님의 신실
하심을 더듬는 것입니다. 바로 그 실상에서 인내가 나옵니다.

진리에 흥정은 없다

여러분은 한 주님, 한 믿음, 한 세례,
한 하나님 아버지를 모시고 있습니다. 이 하나님은
만물을 다스리시고, 만물을 통해 일하시며, 만물 안에 계십니다.
여러분의 존재와 생각과 행위에는
이러한 하나 됨이 속속들이 배어 있습니다.

에베소서 4:5-6

우리는 진리를 받아들이기가 왜 이리 어려울까요? 흥정
하려 하기 때문입니다. 우리는 지름길을 원합니다. 그러나 쉬
운 길이란 없습니다. 길은 하나뿐입니다. 인간다운 인간이 되
려면 하나님과 함께해야 합니다. 독단적 자아에서 해방되어
야 합니다. 자기중심적 삶을 내려놓고 하나님 중심의 진리를
선포해야 합니다.

마음껏 믿는 믿음

형제들아, 너희는 이삭과 같이 약속의 자녀라.

갈라디아서 4:28, 개역개정

한 아들은 하나님의 약속으로 태어났고 한 아들은 아브라함의 의심에서 태어났습니다. 이스마엘은 아브라함이 인내하지 못하고 하나님 일을 대신 해주려 한 산물입니다. 이삭은 하나님이 그분의 때에 직접 일하신 결과입니다. 이스마엘은 문제만 일으켰습니다. 이삭은 충만히 살아 계신 하나님의 신실한 언약을 이어 갔습니다. 아브라함의 삶의 커다란 비극은, 그가 하갈을 취하여 자식을 낳고는 하나님이 주신 줄로 안 것입니다. 반면에 아브라함의 삶의 커다란 성취는, 그의 계획이나 시도와 무관하게 하나님이 친히 일하신 것입니다.

하나님이 마음껏 약속을 지키시기에 우리도 마음껏 믿을 수 있습니다.

식사와 축하

여러분이 이 빵을 먹고 이 잔을 마실 때마다,
여러분의 말과 행위로 주님의 죽으심을 재현하는 것입니다.
고린도전서 11:26

성찬이란 평범하면서 동시에 비범한 것입니다. 어느 문화를 막론하고, 식사는 평범한 것을 비범한 것으로 승화시켜 그 둘을 넘나드는 능력이 있습니다. 평범한 하루의 세 끼 식사는 판에 박힌 일입니다. 그러나 혼례나 생일이나 기념일 등 특별한 날을 축하하고 싶을 때, 우리는 당연히 식사를 열기와 환희와 절정의 표현 수단으로 삼습니다.

한편으로 구원은, 십자가에 죽으시고 무덤에서 부활하신 그리스도입니다. 다른 한편으로 구원은, 빵을 먹고 포도주를 마시는 것입니다. 성찬식 식사에서 그 둘은 불가분의 관계입니다. 구원이란 골고다의 그리스도이자 동시에 내 안의 그리스도입니다.

하나님 나라의 시민

그분의 사랑 우리 삶을 사로잡았으니,
하나님의 신실하심 영원하도다.
시편 117:2

하나님이 우리를 구원하심은 나만의 환희를 만끽하라는 뜻이 아닙니다. 그분이 우리를 구원하심은 천국 맨션에 자리를 확보하라는 뜻이 아닙니다. 우리는 한 나라, 한 사회의 시민이 되었습니다.

그분은 우리에게 그 나라의 언어를 가르치십니다. 그래서 시편을 주셨습니다. 알고 보면 시편은 잔잔한 경건의 연못 못지않게 사나운 정치판에도 관심이 많습니다. 그런데도 우리는 떨어지는 참새를 자상히 지키시는 하나님은 쉽게 상상하면서, 담배 연기가 자욱한 시끌벅적한 방에 그분이 계시다는 사실은 믿지 못해 쩔쩔매니 알다가도 모를 일입니다.

믿음의 위험

우리가 믿지만 아직 눈에 보이지 않는 것,
바로 그것이 우리를 전진하게 합니다.

고린도후서 5:7

　　작가인 플래너리 오코너는 자기 친척 중에, 막판에 주인
공이 결혼하거나 살해되지 않으면 이야기가 맹탕이었다고 생
각하는 사람이 있다고 말했습니다. 하지만 그런 극적인 결말
로 끝나는 인생은 거의 없습니다. 따라서 현실의 실상을 유감
없이 보여주는 최고의 이야기들도 그렇게 끝나지 않습니다.

　　삶이란 모호한 것입니다. 어정쩡한 결말이 존재합니다.
모호함과 혼돈, 부조리와 어수선함 속에서 살려면 성숙이 필
요합니다. 그런 삶을 거부하면 뭔가를 빠뜨리는 것입니다. 우
리가 빠뜨리는 그것이 얼마든지 본질적이고 소중한 것일 수
있습니다. 믿음의 위험이자 하나님의 신비일 수 있습니다.

약점과 강점

함께 살아가는 생활과 서로 사이좋게 지내는 일에 대해서는,
……그저 서로 사랑하십시오!

데살로니가전서 4:9

너그럽고 관대하고 자연스런 공존은 두 가지를 깨달을
때 가능합니다. 첫째, 힘의 균등한 분배란 없습니다. 둘째, 저
주와 축복은 불균등하게 분배됩니다. 남보다 짐이 무거운 사
람들이 있습니다. 질병, 일, 가정, 정서적 상처……. 힘도 모두
가 똑같이 받는 게 아닙니다. 태어날 때부터 몸은 튼튼한데 감
정이 여린 사람이 있는가 하면, 감정 기복은 없는데 체질이 허
약한 사람도 있습니다.

일단 그것을 이해하면 우리는 강하다고 교만하게 독불
장군 행세하지도 않고, 약하다고 비굴하게 자기 연민에 빠지
지도 않습니다. 그리스도인은 약점과 강점, 짐과 능력을 모두
거리낌 없이 나눌 수 있습니다.

어린아이 같은 믿음

너희가 하나님 나라를 아이처럼 단순하게 받아들이지 않으면,
절대로 그 나라에 들어갈 수 없다.

마가복음 10:15

기독교 신앙은 병적인 의존이 아니라 어린아이 같은 믿음입니다. 우리는 불안과 공포와 두려움 때문에 죽기 살기로 하나님께 매달리는 것이 아닙니다. 우리는 믿음과 사랑으로 자유로이 그분께 나옵니다.

우리 주님은 어린아이를 기독교 신앙의 모델로 보여주셨습니다. 아이의 무력함 때문이 아니라, 기꺼이 따르고 배우고 복 받으려는 마음 때문입니다.

하나님을 인정하는 삶

하나님이 택하신 이가 사랑을 받음이여,

다윗과 그 자손에게, 영원토록, 언제까지나.

시편 18:50

다윗의 삶은 하나님을 인정하는 삶, 하나님께 인정받는 삶이었습니다. 그렇게 크고 넓은 삶을 예수님은 "더 풍성[한 삶]"이라 하셨습니다. 요 10:10

다윗도 모난 데가 많았습니다. 그는 자기 후손 예수처럼 원수를 사랑하는 지경에는 끝내 이르지 못했습니다. 그의 도덕과 품행은 미진한 데가 많았습니다. 그러나 성경은 그런 모습을 흠잡기보다 우리 모두의 실상으로 보여줍니다. 그런 기록이 있다 하여 나쁜 행동이 정당화되는 것은 아닙니다. 오히려 이것은, 우리가 먼저 착해진 후에 하나님을 만나는 것이 아니라는 증거입니다. 우리는 먼저 하나님을 만납니다. 그리고 난 후에 평생 인내하며 하나님의 길로 훈련받습니다.

사이에 계신 그리스도

촛대 사이에 인자 같은 이가 [있더라.]
요한계시록 1:13, 개역개정

나팔소리 같은 음성을 듣고 몸을 돌린 요한에게 맨 먼저 보인 것은 일곱 금 촛대, 곧 그가 돌보고 있던 일곱 교회였습니다. 그리고 그 사이에 "인자 같은" 이가 보였습니다. 예수 그리스도였습니다.

그리스도와 교회를 떼어 놓기란 불가능합니다. 우리는 떼어 놓으려 합니다. 우리는 그분을 믿거나 믿는다고 말하는 사람들의 온갖 모순과 엉망인 모습에서 그분을 떼어 놓고 싶어 어쩔 줄 모릅니다. 순수한 선과 아름다움과 진리 되신 그리스도를 보고 싶은 것입니다. 우리는 우렁찬 교향악과 쩌릿쩌릿한 시로 그분을 예배하고 싶어 합니다.

그러나 이 모든 탐미주의의 야망을 복음은 단호히 거부합니다.

하나님은 지금 통치하신다

여호와여, 주의 증거들이 매우 확실하고
거룩함이 주의 집에 합당하니
여호와는 영원무궁하시리이다.
시편 93:5, 개역개정

"영원무궁하다"는 평상시의 통치를 확증해 주는 말입니다. 이 히브리어 단어는 본래 '하루하루가 역사 속으로 뻗어나간다'는 뜻입니다. 이것은 인간 역사를 떠난 천국의 영원한 하나님 통치가 아니라, 달력 속에 하루하루 이루어지는 하나님 통치를 의미합니다.

기도는 역사 끝에 실현될 통치를 인내로 기다리는 것이 아니라, 바로 지금 하나님의 통치에 인내로 동참하는 것입니다. 하나님의 통치는 유보 상태가 아닙니다. 오랜 세월 인간 통치자들의 성패가 엇갈린 후, 장차 어느 날에 즉위하는 그런 통치가 아닙니다. 하나님의 통치는 지금 이루어지고 있습니다.

거룩하신 하나님

하나님은 그 무엇이나 그 누구보다 높으시고,
하늘에 보이는 그 어떤 것보다 밝게 빛나십니다.

시편 113:4

거룩함이란 하나님의 타자성, 순전함, 아름다움을 가리
켜 사용되는 단어입니다. 하나님은 거룩하십니다. 하나님은
인간이 아닙니다. 인간의 최고 상태도 그분께는 어림없습니
다. 하나님은 타자이기에 또한 신비입니다. 하나님은 철저히
타자이기에 우리는 그분이 무엇을 하실지 감히 예측의 시늉
조차 할 수 없습니다. 어떤 식으로든 하나님을 통제할 수도 없
습니다. 하나님에 대한 우리의 유일한 바른 접근은, 경외와 공
경입니다. 겸손히 엎드려 경배하는 것입니다.

사모하는 덕

온유하고 하나님을 경외하는 사람은
재산과 영예와 만족스러운 삶을 보상으로 받는다.
잠언 22:4

겸손은 자기주장의 반대입니다. 이 나라에서 가장 추구하지 않는 덕이 있다면 아마 겸손일 것입니다. 대개는 겸손에 콧방귀를 뀝니다. 기껏해야 생색내는 겸손으로 통합니다. 세상사에 재주가 없는 소심한 신자들 사이에는 그것이 허용될지 모릅니다. 그러나 예로부터 겸손은 지혜로운 사람들이 가장 사모하는 덕이었습니다. 실천은 그에 미흡했더라도 말입니다. 세상이 지혜롭게 여긴 그 많은 사람들이 과연 틀렸을 수 있습니까?

기도의 언어

여호와여, 나의 대적이 어찌 그리 많은지요.

시편 3:1, 개역개정

"여호와여, 나의 대적이 어찌 그리 많은지요." 짧지만 긴박하고 두려움에 찬 말입니다. 환난당한 사람이 하나님께 도움을 부르짖고 있습니다. 이 시편의 언어는 사적이고 단도직입적이고 다급합니다. 이것이 기도의 언어입니다. 평범한 남녀가 고통, 죄책감, 의심, 절망 등 환난 속에서 하나님께 부르짖는 것입니다.

기도의 언어는 환난의 도가니에서 빚어집니다. 내 힘으로 되지 않아 도움을 부르짖을 때, 처한 상황이 싫어 벗어나고 싶을 때, 내 모습이 싫어 변화를 원할 때, 우리는 원초적인 언어를 사용합니다. 이 언어가 기도의 뿌리 언어가 됩니다.

새 생명의 솟구침

주님의 권능과 영광을 보려고
두 눈 활짝 뜨고 예배 처소에 있습니다.
시편 63:2

성소에서는 놀라운 일들이 일어납니다. 달려가다가 우리는 거룩한 곳에 멈춰 서서, 삶에 더 많은 것이 있음을 발견합니다. 그 순간에 우리의 상황과 감정이 가리키는 것이 있습니다. 우리는 우리 안과 주변, 아래에서 하나님을 인식합니다. 새로운 생명이 우리 안에서 솟구칩니다. 우리는 영영 사라졌다고 생각했던 우리 삶의 한 조각이 회복되었음을 발견하고, 지난 날 하나님의 부르심과 기도의 장소, 하나님이 구원하신다는 자그마한 증거를 기억합니다. 그리고 지금, 다시 그런 순간이 찾아옵니다. "그와 같은 것이 또 없습니다. 내게 주소서." 우리는 회복되고, 소생하고, 구속받은^{redeemed} 채로 떠납니다.

11

우리 삶은
살아 계신
하나님께 대한
반응입니다

하나님의 놀라운 행적

와서 여호와의 행적을 볼지어다.

시편 46:8, 개역개정

누구나 다 하나님보다 시끄럽습니다. 세상의 헤드라인과 네온사인과 확성기는 인간의 행적을 떠벌립니다. 하나님의 행적은 어디 있습니까? 하나님의 행적은 광고가 없습니다. 하지만 눈길만 준다면 도무지 피할 수도 없습니다. 어디에나 있습니다. 기이합니다. 다만 하나님께는 홍보 부서가 없습니다. 우리의 주목을 끄시려는 캠페인 행사도 없습니다. 그분은 그냥 보라고만 하십니다. 기도란 주님의 행적을 보는 것입니다.

하나님께 위임받은 자

내가 그를 위하여 모든 것을 잃어버리고
배설물로 여김은 그리스도를 얻고.
빌립보서 3:8, 개역개정

　"사도 된 바울은……." 사도란 그리스도께서 자기와 함께 있으려고 부르시어 복음의 대변자로 내보내신 사람입니다. 이것이 바울의 정체입니다. 그의 모든 말과 글과 행동은, 그리스도와 함께 있고 그리스도의 보냄을 받은 결과입니다. 그 자신은 할 말도 없었고 할 만한 선행도 없었습니다. 그는 주님께 위임받은 그분의 공식 대리인에 불과했습니다.

　키에르케고르는 천재와 사도를 이렇게 구분한 바 있습니다. 천재는 자신의 총명함으로 우리를 감동시키고, 사도는 하나님의 영광으로 우리를 감동시킵니다.

기도의 중심

여러분은 가장 거룩한 이 믿음 안에 여러분 자신을 세우십시오.
성령 안에서 기도하고, 하나님의 사랑 한가운데 머무르고.

유다서 1:20-21

누가 내게 와 "기도하는 법을 가르쳐 주십시오" 하면 나는 "일요일 오전 9시에 이 교회에 있으십시오" 하고 말합니다. 바로 거기가 우리가 기도하는 법을 배우는 자리입니다.

기도란 하나님이 주신 말씀에 대한 반응이어야 합니다. 예배하는 회중은 낭독과 설교를 통해 말씀을 듣고 성례로 그것을 기립니다. 바로 거기서 우리는 기도하는 법을 배우고 기도를 실행에 옮깁니다. 예배 공동체는 내 기도의 중심입니다. 거기서 시작하여 나는 골방이나 산으로 가서 계속 기도합니다.

하나님의 방법

지금 구원하소서. 하나님, 지금 구원하소서!
오 하나님, 자유롭고 충만한 삶을 주소서!
시편 118:25

다윗이 냇가에 무릎 꿇던 순간, 사방에 세상이 넘실거렸습니다. 한편에는 건방지게 큰소리치는 블레셋 백성이 있고, 한편에는 두려움과 겁에 질린 이스라엘 백성이 있었습니다. 시내 북편에는 힘세지만 미련한 거인 골리앗이 있었고, 시내 남편에는 기름부음 받았지만 치명적 결함을 지닌 사울 왕이 있었습니다. 냇가에서 돌멩이를 집어드는 청년이 그날의 가장 의미심장한 일을 하리라고는 아무도 상상조차 못했습니다.

다윗이 서두르지 않고 침착하게 무릎 꿇자 새로운 대안이 열렸습니다. 그것은 하나님, 하나님의 방법, 하나님의 구원이었습니다.

아침마다 새로우니

주의 성실하심이 크시도소이다.
내 심령에 이르기를 여호와는 나의 기업이시니
그러므로 내가 그를 바라리라 하도다.

예레미야애가 3:23-24, 개역개정

여기 위대한 문구는 율법에서 인용한 "여호와는 나의 기업이시니"입니다. 먼 옛날 하나님은 그렇게 말씀하셨고 레위는 그렇게 받아들였습니다.^{신 10:9, 민 18:20} 세대에서 세대로 전수된 고대의 문구를 선지자는 최악의 환란 속에서 굳게 붙들고 있습니다.

자비로우신 하나님과의 교제에 끝이란 있을 수 없습니다. 외부 환경의 변화가 그것을 건드릴 수 없기 때문입니다. 이스라엘 백성은 그것을 알았습니다. 어둡고 혼미한 고난은 새날의 빛이 됩니다. "여호와의 인자와 긍휼이 무궁하시므로 우리가 진멸되지 아니함이니이다. 이것이 아침마다 새로우니 주의 성실이 크시도소이다."

예배는 본질이다

다 와서, 하나님께 큰소리로 노래 부르자.
우리를 구원하신 반석을 향해 환호성을 올려 드리자!
시편 95:1

예배는 그리스도인의 본질적 중심 행위입니다. 우리는
예배의 준비와 결과로 다른 일들도 많이 합니다. 노래, 기록,
증거, 치유, 교육, 그림, 봉사, 도움, 건축, 청소, 웃음. 그러나
중심 행위는 언제나 예배입니다.

예배란, 하나님의 존재와 활동에 전심으로 주목하는 행
위입니다. 그리스도인의 삶은 하나님이 일하신다는 믿음에
기초합니다. 예배할 때 우리는 별로 하는 일이 없어 보입니다.
사실 별로 없습니다. 다만 우리는 예배를 통해 하나님이 하고
계신 일을 볼 뿐입니다. 우리의 행동을 나침반의 네 극점인 창
조, 언약, 심판, 구원에 맞출 뿐입니다.

우리의 어떤 일도 하늘과 땅에 예배보다 더 큰 영향을 미
치는 것은 없습니다.

모든 것이 하나님의 것

하나님을 사랑하는 우리 삶 속에 일어나는 모든 일이,
결국에는 선한 것을 이루는 데 쓰[입니다.]

로마서 8:28

우리가 태어나기도 전부터 하나님께는 우리를 위한 계획이 있었습니다. 그분은 우리를 떠나신 적이 없습니다. 우리가 그리스도의 사랑을 영접하기 이전에 있었던 일들도 그분은 버리지 않고 사용하십니다. 자유와 믿음의 삶에 낭비란 없습니다. 이제 모든 것이 하나님의 것입니다. 변화는 비단 '영적인' 부분이나 좋은 부분만이 아니라 우리의 자아와 역사의 모든 부분으로 뚫고 들어갑니다. 그간의 열등감, 못났다는 생각, 후회되는 죄, 불편한 차이점이 모두 그리스도를 닮은 모습으로 변합니다. 그리고 거기서 하나님의 능력과 영광이 나타납니다.

우리는 듣습니다

하나님, 주님의 말씀은 하늘만큼 영원하고
굳건하게 그 자리를 지킵니다.

시편 119:89-90

　　믿음의 사람들이 성경을 읽는 취지는, 말씀으로 자신을 계시하시는 하나님께 우리의 청취 반경을 넓히는 것이자, 그분이 여러 시대 여러 장소에 말씀하신 방식과 그에 대한 사람들의 반응 방식을 익히는 것입니다.

　　하나님은 말씀으로 실체를 존재하게 하십니다. 이것이 기독교의 확신입니다. 그분 말씀으로 세계가 조성되고 구원이 실현됩니다. 그뿐 아니라 기독교의 확신이 또 하나 있습니다. 말씀으로 조성되는 세계와 실현되는 구원이 곧 우리 자신이라는 것입니다. 하나님이 말씀하실 때 나타나는 결과는 곧 우리입니다. 그래서 우리는 듣습니다. 우리 안에 무슨 일이 벌어지고 있는지 알기 위해서입니다.

하나님을 향한 갈급함

도움을 구하며 부르짖는 이 있느냐?
하나님께서 귀 기울여 들으시고 구하시리라.

시편 34:17

인간은 누구나 하나님을 향한 갈급함이 있습니다. 여러 방법으로 가리고 엉뚱하게 해석할지라도 갈급함은 언제나 있습니다. 인간은 누구나 "나의 주 나의 하나님!"을 외치기 직전의 상황에 처해 있습니다. 다만 그 외침이 회의나 반항에 삼켜지고, 일상의 무지근한 고통에 파묻히고, 편하고 무난한 삶에 가려질 뿐입니다.

그러다 일이 생깁니다. 한마디 말일 수도 있고, 어떤 사건일 수도 있고, 꿈일 수도 있습니다. 그러나 그것이 우리를 하나님께 눈뜨도록 몰아갑니다. 무한한 은혜와 애틋한 소원과 역설적 소망이신 그분, 무던히도 신실하신 그분께로 우리를 데려갑니다.

증인의 삶

하나님께서는 이런 예배 행위를 특별히 기뻐하십니다.
그것은 부엌과 일터와 길거리에서 이루어[집]니다.
히브리서 13:16

우리 사회는 일을 떠받드는 경향이 있습니다. 성경은 그렇지 않습니다. 우리는 좋은 직장에서 일하는 사람을 높이 평가합니다. 그런 사람은 두둑한 보수와 사람의 우러름을 받습니다. 그러나 예수님은 목수이셨고 바울은 천막 만드는 사람이었습니다. 두 일 모두 자격 요건이나 특권이나 인간에 대한 유익 면에서 비범하지 않았습니다. 하지만 두 일 다(그 밖에도 다른 예들이 성경에 많이 있습니다) 증인의 삶을 사는 작업 현장이 되었습니다. 예수님과 바울은 자신들의 일을 하나님의 지상 명령에 순종하는 장으로 활용했습니다.

투명한 삶

이제 내 자아는 더 이상 내 중심이 아닙니다.……
나는 더 이상 하나님께 좋은 평가를 얻어야 한다는
강박관념이 없습니다.

갈라디아서 2:20

투명한 삶이란, 나의 참모습을 숨기거나 내 평판을 허울 좋게 꾸미거나 내 본심을 위장할 필요가 없다는 뜻입니다. 우리는 내 정체와 생각과 감정과 행동에 대해 투명할 수 있습니다. 내 모습을 하나님이나 부모나 사회 탓으로 돌리려 아등바등할 필요가 없습니다.

얼마나 힘이 되는 말입니까! 자기 삶의 어려움을 늘 남 탓으로 돌리는 사람들은 자유로운 삶을 살아가려야 살아갈 수 없습니다. 그러나 내 모습을 그대로 받아들이면 나의 참정체를 발견함은 물론 책임질 길도 환히 열립니다. 거기서 우리는 용서를 경험할 수 있고 하나님과의 관계를 누릴 수 있습니다.

우리 곁에 계신 하나님

하나님은 안전한 피난처,
우리가 어려울 때 즉시 도우시는 분.

시편 46:1

믿음의 사람들도 어느 누구와 마찬가지로 보호와 안전
이 필요합니다. 그 점에서 우리는 다른 사람들보다 나을 바 없
습니다. 차이가 있다면 우리는 내 힘으로 할 필요가 없음을 안
다는 것입니다. "하나님은 안전한 피난처, 우리가 어려울 때
즉시 도우시는 분."

우리는 불시에 악이 나를 덮치지 않도록 늘 주변을 흘긋
거릴 필요가 없습니다. 본의 아니게 유혹에 넘어지지 않도록
늘 발밑만 쳐다보며 살 필요가 없습니다. 하나님이 우리 곁에
계십니다.

하나님의 일

하나님께서 사람을 데려다가 에덴 동산에 두시고,

땅을 일구며 돌보게 하셨다.

창세기 2:15

우리 일의 평가 기준은, 거기서 얻는 수익이나 받는 지위가 아니라 세상에 미치는 영향력입니다. 내 일로 사람들이 더 빈곤해지는 것은 아닙니까? 땅이 못쓰게 되는 것은 아닙니까? 사회가 사기를 당하는 것은 아닙니까? 내 일 때문에 세상은 더 살기 좋은 곳이 되고 있습니까, 아니면 그 반대입니까?

어떤 일도 한낱 생계 수단으로 전락될 수 없습니다. 모든 일은 하나님의 일에 동참하는 것입니다. 하나님이 일하십니다. 그러므로 우리도 일합니다.

믿음의 삶

우리는 하나님을 기쁘시게 해드리는 삶에
어울리는 모든 것을 기적적으로 받았습니다.
그것은 우리를 하나님께로 초청해 주신 분을
우리가 직접 친밀하게 알았기 때문입니다.
베드로후서 1:3

그리스도인의 삶을 감시하고 규제하는 것은 종교적인 관료 체제가 아닙니다. 하나님 아버지와 그 아들과 성령은, 우리가 인생 운영 방식에 대해 전문가적 견해를 듣기 위해 호출하는 자문 회사가 아닙니다. 복음의 삶이란 제품 설명서처럼 머리로 배우는 것이 아닙니다. 복음의 삶이란 우리 존재의 변화입니다. 하나님은 우리 안에서 창조 사역과 구원 사역을 행하시며, 우리는 믿음과 순종과 기도의 삶에 익숙해져 가는 것입니다.

기도를 촉발하는 것

참된 도움은 오직 하나님께로부터 옵니다.
주님의 복으로 주님 백성을 휘감아 주십니다!
시편 3:8

기도의 언어는 주로 개인적 차원에서 구원을 목적으로 생겨납니다. 언제 어디서 재난이 닥칠지 모르는 것이 인간의 상태입니다. 인간은 거의 언제나 환난 속에 삽니다. 자기 환난을 모르는 이들이야말로 가장 큰 환난 중에 있습니다. 기도는 환난 속에 있되 그것을 아는 자들, 하나님이 자기를 거기서 건져 내실 수 있다고 믿거나 바라는 자들의 언어입니다. 물론 하다 보면, 기도는 다른 차원으로 들어가고 다른 형태로 발전됩니다. 그러나 기도를 촉발하는 기본 요인은 환난입니다. 잘못된 상태, 위험한 상태, 적이 너무 많아 감당할 수 없는 상태입니다.

듣고 행하기

너희는 말씀을 행하는 자가 되고 듣기만 하여
자신을 속이는 자가 되지 말라.
야고보서 1:22, 개역개정

바리새인들은 성경을 글자 하나까지 훤히 알았습니다. 성경을 떠받들고 암기했습니다. 삶의 모든 세부 사항을 성경으로 규제했습니다. 그런데 왜 예수님은 그들을 매섭게 질책하셨습니까? 말씀을 공부만 했지 듣지 않았기 때문입니다. 그들에게 성경은 하나님 음성을 듣는 통로가 아니라 학습 교재가 되었습니다. 그들은 성경을 하나님의 말씀하시는 행위와 단절시켰습니다. 그러니 언약의 계명과 복음의 약속이 귀에 들어올 리 없습니다. 그들은 성경을 인간의 듣는 행위와도 분리시켰습니다. 듣지 않으니 믿고 따르고 사랑할 수도 없습니다. 잉크가 방부제로 변하고 말았습니다.

떠나시지 않는 하나님

모든 주인들의 주께 감사하여라.
그분의 사랑 끝이 없다.

시편 136:3

그리스도인의 중심 되는 실체는 우리를 향한 하나님의 헌신입니다. 그분의 인격적 헌신, 불변하는 인내의 헌신입니다. 인내는 우리 각오의 결과가 아니라 하나님 신실하심의 결과입니다. 우리가 믿음의 길에서 살아남는 것은, 우리의 출중한 에너지 때문이 아니라 하나님의 의로우심 때문입니다. 하나님이 우리 곁을 떠나시지 않기 때문입니다.

하나님과 나누는 대화

시온에 계신 하나님,
침묵이 주께 찬양하고 순종도 그리합니다.
주께서는 그 모든 것에 담긴 기도를 들으십니다.

시편 65:1-2

거의 누구나 하나님을 믿는다고, 가끔 두루뭉술한 의미로 인간은 무심코 그런 말을 내뱉기도 합니다. 그러나 기도는 그와 사뭇 다릅니다.

우리가 따로 시간을 떼어 가장 깊고 가장 인격적인 대화를 하나님과 나누는 것입니다. 기도를 통해 그분과 더욱 친밀해지는 것입니다. 기도하는 시간에, 세상은 사라지지 않고 다만 주변으로 밀려납니다. 기도는 하나님 음성을 직접 듣고 하나님께 직접 말씀드리려는 열망입니다. 그리고 시간을 떼고 여건을 마련해 그대로 실행하는 것입니다. 기도는 살아 계신 하나님이 내게 한없이 중요한 분이라는 확신에서 비롯됩니다.

믿음은 형식이 아니다

하나님을 사랑하는 모든 이들아, 찬양하여라!
이스라엘의 자녀들, 하나님의 가까운 친구들아! 할렐루야!

시편 148:14

우리는 부모를 부르듯이 자유로이 하나님을 부를 수 있습니다. 이는 친근감과 경외심이 어우러진 자유입니다. 우리는 여전히 하나님의 위엄과 두려운 영광을 인식합니다. 우리는 하나님을 만만한 수준으로 전락시켜 멋대로 주무르려 하지 않습니다. 친근감이란 나 자신을 나누는 자유, 하나님의 임재 안에 두려움 없이 자신을 표현하는 자유입니다. 우리는 자연스럽고 구김살 없이 나다워질 자유가 있습니다. 믿음이란 세밀한 법도에 얽매인 형식적 관계가 아니라, 친근하고 자유로운 가족 관계입니다.

변화의 자유

땅이여, 두려워 떨어라!
네 주님 앞, 야곱의 하나님 앞에서!
시편 114:7

우리는 철칙 같은 인과율의 세상에 살고 있지 않습니다. 야곱의 하나님의 임재 안에는 예측 불허의 삶이 있습니다. 변화의 자유가 있습니다.

기적은 법칙의 중단이 아닙니다. 그렇다면 당황한 지식인들은 기적을 부인해야 하고 불안한 변증학자들은 기적을 옹호해야 합니다. 기적이란 지혜롭고 열심 있는 아버지를 둔 자녀들이 누리는 자유의 표현입니다.

더 큰 실체

흠 없이 세상 속으로 들어가,
이 더럽고 타락한 사회에 맑은 공기를 불어넣으십시오.
사람들에게……살아 계신 하나님을 볼 수 있게 하십시오.
빌립보서 2:15

내 내부가 아니라 외부를 지향하는 것은 다른 사람들만이 아니라 나 자신도 온전해지는 행위입니다. 내 습관에 갇혀서는 온전해질 수 없기 때문입니다. 경건한 습관도 마찬가지입니다.

나무를 통 안에 기를 수는 없습니다. 밑으로 넓은 땅과 위로 광활한 하늘이 필요합니다. 인간도 좁은 분파, 고립된 종교 안에서 키울 수 없습니다. 넓은 세상에 살수록 우리 삶도 그만큼 넓어집니다. 하나님이 만드셨고 지금도 일하시고 계신 환경에서 단절돼 있는 한 온전한 인간이 될 수 없습니다. 믿음의 사람들은 믿음이 없는 사람들보다 훨씬 큰 실체 안에 삽니다. "하나님이 세상을 이처럼 사랑하사."

하나님이 주시니 우리도 준다

형제자매의 관심사를 함부로 무시하지 마십시오.
그들의 관심사는 하나님의 관심사이니.

데살로니가전서 4:6

줄이 끊어진 적 없이 단번에 완성에 오른 영혼은 역사에 없습니다. 반석의 사도 베드로는 그리스도를 고백했으나 부인하기도 했습니다. 하나님 마음에 합한 사람 다윗은 하나님을 극진히 찬양했으나 쓰라리게 불순종하기도 했습니다. 일사천리 저주로 내리달은 영혼도 역사에는 없습니다. 탕자는 허랑방탕하게 살았다고 집안에서 쫓겨나지 않았습니다. 오히려 환대받고 집안의 기쁨이 되었습니다.

그리스도 안의 삶은 우리를 해방시켜 은혜를 누리게 합니다. 우리는 주는 세상에 존재합니다. 하나님이 주시니 우리도 줍니다.

하나님의 시간에

하나님, 주께서는 여전히 통치하시고
언제나, 영원토록 다스리십니다.
시편 102:12

    소망은 몽상이 아닙니다. 소망은 권태나 고통에서 자신을 지키려고 환상이나 공상을 지어내는 것이 아닙니다. 소망이란 하나님께서 말씀하신 약속을 이루실 것이라는 기대입니다. 확신에 찬 현실적 기대입니다. 소망은 믿음의 틀 안에 놓인 상상력입니다. 그분의 때에 그분 방식으로 하시도록 하나님께 기꺼이 맡기는 자세입니다. 소망은 내가 계획을 짜놓고 하나님께 시기와 방법을 지시하며 성취를 요구하는 것과 반대입니다. 그것은 하나님을 소망하는 것이 아니라 하나님을 협박하는 것입니다.

인격으로 오시는 하나님

하나님을 흠모하며 그분께 경배하여라.
두려워 떨며 찬양하여라. 메시아께 입 맞추어라!
시편 2:11-12

하나님의 세계는 큽니다. 왕들과 군주들과 수상들과 대통령들의 세계보다 훨씬 크고, 신문과 텔레비전에 보도되는 세계보다 훨씬 큽니다. 그것을 볼 수 있으려면 상상력을 구사할 필요가 있습니다. 하나님의 세계를 지배하는 말씀은 주식시장, 로켓 발사, 정상회담의 세계에 대한 후속 조치가 아닙니다. 그 모든 것이 이미 말씀 안에 들어 있습니다. 이것을 보려면 상상력이 필요합니다.

그 필요의 답이 시편 2편에 들어 있습니다. 바로 메시아입니다. 메시아는 역사 속에 오신 하나님의 인격입니다. 등교하고 출근하고 전쟁에 나가고 여기저기 왕래하는 우리 세계에, 그분은 들어오십니다. 들어오시되 인격으로 오십니다.

진짜 세계

하나님, 찬란히 빛나는 주님,
주님의 이름이 온 세상에 메아리칩니다.
시편 8:9

공부도 할 만큼 했고 출세도 할 만큼 했고 사람들도 나를 칭송하며 계속 앞으로 떠민다 합시다. 그렇게 두루 힘을 완비한 사람은 세상의 시작과 중심과 끝이 '나'라는 생각을 떨치기 어렵습니다. 적어도 내가 처한 이 작은 세상에서는 그렇습니다. 그럴 때 우리는 무엇이든 하던 일을 멈추고 앉을 필요가 있습니다.

앉으면 내 질풍 같은 활동에 일던 먼지가 가라앉습니다. 진짜 세계가 보입니다. 하나님의 세계입니다. 그것을 보면 숨이 막힙니다. 그 세계는 내 자아로 가동되던 세계보다 훨씬 크고 에너지와 활동이 훨씬 충만합니다. 내가 추진하던 계획보다 훨씬 온전합니다.

하나님을 상대한다

하나님께 대한 응답으로 심고,
그것을 키우는 일을 하나님의 영에게 맡기는 사람은
참된 삶, 곧 영생이라는 알곡을 거둘 것입니다.
갈라디아서 6:8

죄란 잘못된 생각이 아닙니다. 죄는 중증장애이자 하나님과 불화한 상태입니다. 이것이 인간의 상태입니다. 이 장애의 현실은 우리 내면과 주변 어디에나 있습니다. 그러나 우리는 그것을 애써 잊으려 합니다. 그것을 기억하는 것은 곧 하나님을 기억하는 것이고, 하나님을 기억하는 것은 곧 열과 성을 다하여 사랑 안에서 살아야 한다는 것입니다.

그렇게 살고 싶은 순간들도 있습니다. 그러나 그 순간은 오래가지 않습니다. 차라리 우리는 골프를 칩니다. 차라리 병원에 가서 또 다른 검사를 받습니다. 차라리 대학에서 또 다른 강좌를 듣습니다. 계속해서 우리는 하나님을 상대하지 않고도 삶을 개선할 수 있는 길을 찾습니다. 그러나 그것은 불가능합니다.

신실함과 순종

세상이 나를 규정할 수 없듯이
세상도 그들을 규정할 수 없습니다.
진리로 그들을 거룩하게 구별해 주십시오.

요한복음 17:16-17

세상의 분석 방법으로는 교회의 실체에 다가설 수 없습니다. 탁상공론을 일삼는 역사가들은 하나님 백성의 생활사를 살펴보고는, 공동체의 영적 부흥에 더 유리한 시대가 있고 불리한 시대가 있다고 일반화하여 말합니다. 그러나 나는 문화에서는 이렇다 할 차이의 요인을 찾을 수 없습니다. 차이를 낳는 요인이 있다면 그것은 신실함, 순종, 섬김, 기도 때문입니다.

교회를 만드시는 분은 하나님

교회는 그리스도의 몸입니다.
그분은 교회 안에서 말씀하시고 활동하시며,
교회를 통해 만물을 자신의 임재로 가득 채우십니다.
에베소서 1:23

교회를 구성하는 사람들은, 일정 지역에 살면서 근처 시장에서 식품을 사다 먹고 경제 여건상 허용되는 직장에서 일하고 주변 사람들과 똑같은 언어로 말합니다. 그러나 교회를 이루는 조건은 종교, 문화, 정치가 아니라 따로 있습니다. 그것은 예수 그리스도의 인격입니다. 교회를 만드시는 분은 하나님입니다. 뒤죽박죽 오합지졸의 "혼돈하고 공허한" 사람들에게, 성령께서 숨을 불어넣어 하나님의 백성인 교회를 만드십니다. 교회는 그리스도와의 관계 안에서만 존재합니다.

왕과 제사장

하나님께서 말씀하셨으니 돌이키지 않으실 것입니다.
왕께서는 영원한 제사장, 멜기세덱 제사장.
시편 110:4

멜기세덱의 경우처럼 옛날에는 왕과 제사장 직분이 유기적인 하나의 기능이었습니다. 그러나 두 기능은 차차 분리되어, 이제는 전체를 보완하는 부분이 아니라 대등한 두 단위가 되었습니다. 왕은 삶을 통치하고 정립하고 지휘하는 하나님의 능력을 대변했습니다. 제사장은 삶을 새롭게 하고 용서하고 북돋우는 하나님의 능력을 대변했습니다. 하나는 궁전의 직분으로 정치라는 외부 세계에 작용했습니다. 다른 하나는 성소의 직분으로 심령이라는 내부 세계에 작용했습니다.

훗날 일부 팔레스타인 사람들 눈앞에서 이 둘은 예수님의 삶 속에서 하나로 다시 만났습니다. 하나님은 통치하셨고 구원하셨습니다. 두 행위는 동일한 일입니다.

가운데로 모이는 것

하나님께서 언제나 다스리신다.
시온의 하나님은 영원하신 하나님이시다!
시편 146:10

　　예배란 가운데로 모두 모이는 것입니다. 그럴 때 우리 삶은 궤도를 이탈하지 않고 하나님께 중심을 둡니다. 중심은 살아 계신 하나님입니다. 그 중심에서 살고 그 중심에 반응하며 살고자 우리는 예배합니다. 예배 없는 삶은 모든 광고와 유혹과 소음에 놀아나는 경기驚氣와 경련의 삶으로 전락합니다. 예배가 없을 때 우리는 조종하며 살고 조종당하며 삽니다. 무서운 공포 속에 살거나 몽롱한 무기력 속에 삽니다.

　　예배하지 않는 사람들은 세상의 전염병인 걷잡을 수 없는 불안에 휩싸입니다. 고정된 방향도 없고 지탱해 줄 목표도 없습니다.

12

기쁨은
우리가 만들어 내는
것이 아니라
하나님이
주시는 것입니다

천사

그분이 천사들에게 명령하여
네가 어디로 가든지 지키게 하실 것이다.
시편 91:11

성경에 천사는 두 가지 방식으로 등장합니다. 첫째는 평범한 인간의 모습입니다. 아브라함과 사라에게 세 사람이 나타났습니다. 나중에야 그들은 손님 일행이 천사들임을 알았다.^{창 18장}

천사가 등장하는 다른 방식은 환상을 통해서입니다. 이 경우 천사들은 하늘 가득히 거창하고 화려한 존재로 등장합니다. 머리에 성운을 이고 혜성 만한 검을 휘두릅니다.

독실한 그리스도인에게 성령께서는 때로 환상과 꿈을 통하여 신앙심을 돈독케 하십니다. 영적 전투중인 우리를 천군 천사들이 에워싸고 떠받치고 있음을 알게 하십니다. 천사는 오락의 소재가 아니라 우리를 돕는 자입니다.

풍성하신 하나님

오직 성령의 열매는 사랑과 희락과 화평과……,
갈라디아서 5:22, 개역개정

잠깐이라면 모를까 우리 안에는 기쁨의 근원이 없습니다. 그래서 우리는 하나님께 갑니다.

우리는 오락으로 기쁨을 얻어 보려 합니다. 남에게 돈을 줘가며 코미디와 노래를 시킵니다. 그러나 그런 기쁨은 절대로 삶 속에 파고들지 못합니다. 절대 우리의 기본 성품을 바꿔주지 못합니다. 효과는 지극히 한시적입니다.

우리는 억지로 기뻐할 수 없습니다. 기쁨이란 강요하거나 돈 주고 사거나 꾸며 낼 수 없는 것입니다. 다행히 우리가 할 수 있는 일이 있습니다. 우리는 내 초라한 욕구의 독재에 휘둘리지 않고, 풍성하신 하나님께 반응하며 살기로 결단할 수 있습니다. 그분이 우리 기쁨의 근원입니다.

가만히 있어라

너희는 가만히 있어 내가 하나님 됨을 알지어다.

시편 46:10, 개역개정

가만히 있으십시오. 정신없이 뛰어다니기를 그만두십시오. 그렇게 한참 있으면 깨달아집니다. 삶에는 내 힘으로 버둥대는 소소한 사업들 이상의 세계가 있습니다. 요란하게 서두를 때 친밀함은 요원합니다. 깊고 복합적인 인격적 관계를 누릴 수 없습니다. 하나님이 구속redemption의 살아 있는 중심이라면, 우리는 반드시 그분의 인격적 뜻을 알고 거기에 반응해야 합니다.

세상을 향한 뜻이 하나님께 있고 우리가 거기 동참하려 한다면, 우리는 한동안 가만히 있어야 합니다. 그래야 그 뜻이 무엇인지 보입니다. 이것은 분명 저녁 뉴스를 보아 알 수 있는 것이 아닙니다.

생명의 근원

주께서 두 손으로 나를 빚어 만드셨으니,
주님의 말씀을 이해하도록 내게 지혜를 불어넣으소서.

시편 119:73

출생의 자리에서 우리는 신비에 사로잡힙니다. 우리는 외경심으로 반응합니다. 왜입니까? 출생 과정이야 우리도 설명할 수 있고, 생리적·유전적 원리도 훤히 압니다. 그러나 외경심은 우리의 어떤 설명으로도 설명되지 않습니다.

출생의 자리에서 우리는 생명의 근원을 접합니다. 여기에 신비가 있습니다. 그것은 어둠의 신비가 아니라 빛의 신비, 선善이 충만하고 복이 넘치는 신비입니다. 모든 출생은 우리에게 그 근원을 강력하게 일깨웁니다. 우리의 기원은 나 아닌 타자, 나보다 훨씬 크신 분 안에 있습니다.

생수

그는 우리의 화평이신지라.

에베소서 2:14, 개역개정

　'평화'를 뜻하는 샬롬은 성경의 가장 풍부한 단어 가운데 하나입니다. 주민번호만 보고 사람을 정의할 수 없듯이, 사전의 의미만 찾아서는 이 단어를 정의할 수 없습니다. 하나님의 뜻이 우리 안에 완성될 때 찾아오는 온전함의 모든 측면을 모아 놓은 것이 샬롬입니다. 하나님의 일이 완성되면 우리 안에 생수의 강이 흐르고 영생이 고동치거니와, 바로 그분의 그 일이 샬롬입니다.

　예수께서 병을 고치시거나 죄를 사하시거나 누군가를 부르실 때마다 우리는 샬롬의 재현을 봅니다.

그리스도를 본다

너희 중에 두세 사람이 나 때문에 모이면,
나도 반드시 거기에 함께 있는 줄 알아라.

마태복음 18:20

이사할 때마다 나는 근처에서 교회를 찾아 한 식구가 됩니다. 실망하지 않은 적이 한 번도 없습니다. 하지만 알고 보면 하나같이 다 철두철미 성경적인 모습입니다. 수군수군하는 사람들, 불평하는 사람들, 불성실한 사람들, 변덕스런 사람들, 의심에 빠지고 죄에 물든 사람들, 고리타분한 도덕군자들, 현란한 속인(俗人)들.

그러나 어쩌다 한번씩 아름답고 눈부신 광선이 난데없이 새어들어 그 무리를 비추는 듯할 때가 있습니다. 그럴 때면 나는 새로운 것, 여태 내 눈이 죄로 어두워져 보지 못했던 것을 봅니다. 희생적 겸손, 놀라운 용기, 훌륭한 덕, 거룩한 찬양, 기쁨의 고난, 부단한 기도, 인내의 순종. 그런 삶을 봅니다. 거기서 나는 그리스도를 봅니다.

기대의 난간

여러분의 매일의 삶, 일상의 삶······을
하나님께 헌물로 드리십시오.
하나님께서 여러분을 위해 하시는 일을 받아들이는 것이,
바로 여러분이 그분을 위해 할 수 있는 최선의 일입니다.
로마서 12:1

그리스도인이란 단어는 사람들마다 의미가 다릅니다. 어떤 사람에게는 경직되고 딱딱하고 융통성 없고 완고하고 생기 없는 생활 방식을 뜻합니다. 어떤 사람에게는 기대의 난간에서 발끝걸음으로 살아가는 아슬아슬하고 예측할 수 없는 모험을 뜻합니다.

전 세계 어느 교회에나 양쪽 입장의 실례가 무수히 많습니다. 그러나 성경의 증거로 국한한다면, 후자의 그림만 옹호가 가능합니다. 그런 사람은 고통과 기쁨, 수수께끼와 통찰, 실현과 좌절 등 모든 경험을 인간 자유의 한 차원으로 탐험하며 열심히 살아갑니다. 각 경험 속에서 의미와 은혜를 추구합니다.

육신이 된 말씀

그 말씀이 살과 피가 되어 우리가 사는 곳에 오셨습니다.

요한복음 1:14

　　구원의 과제는, 우리가 너무 드센 육체에 구애받지 않도록 우리를 순전한 영으로 정제하는 것이 아닙니다. 우리는 천사가 아니며 장차 천사가 될 것도 아닙니다. 말씀은 기발한 아이디어나 신성한 영감이나 도덕적 열망이 되지 않았습니다. 말씀은 육신이 되었습니다. 지금도 말씀은 육신이 됩니다. 우리 주님은 빵과 포도주로, 먹고 마시는 행위로 자신을 기억하고 받으라는 명령을 우리에게 남기셨습니다. 물질은 중요합니다. 물질은 거룩합니다.

모두가 선물이다

모든 바람직하고 유익한 선물은 하늘로부터 옵니다.

야고보서 1:17

아침마다 깨어나 우리는 하나님이 주신 세상을 맞습니다. 하나님은 자신의 존재와 작품, 사랑과 구원을 나누어 주십니다. 그분은 천지의 창조주만도 아니고 진리의 계시자만도 아니고 구원의 건축가만도 아닙니다. 그분은 주시는 분입니다.

모두가 선물인 세상에 물건이든 사람이든 내 소유는 없습니다. 그래서 나는 아무것도 보호할 필요가 없습니다. 그래서 나는 불안할 필요가 없습니다. 나는 은혜의 세상에 삽니다. 그래서 나는 세상을 내 필요와 욕구에 맞게 고치려고 안간힘을 쓰지 않습니다. 닥쳐오는 부스러기 나무 토막들로 인생을 건축하려 하지 않습니다. 나는 남들이 나를 어떻게 대하고 어떻게 생각할지 신경 쓰며 불안한 의혹 속에 살지 않습니다. 나는 그저 발견하고 받아들일 뿐입니다.

제자도는 결단이다

산들이 예루살렘을 두름과 같이
여호와께서 그의 백성을 지금부터 영원까지 두르시리로다.
시편 125:2, 개역개정

많은 경우, 내 감정은 중요합니다. 감정은 꼭 필요하며 귀한 것입니다. 감정 덕에 나는 많은 진실과 현실을 인식합니다. 그러나 하나님에 관해, 그분과 나의 관계에 관해 감정은 아무것도 말해 주지 않습니다.

내 안전의 근거는 내 기분이 아니라 하나님의 성품입니다. 제자도란 하나님이나 나 자신이나 이웃에 대한 내 기분대로 살지 않고, 하나님에 관해 내가 아는 사실대로 산다는 결단입니다. "산들이 예루살렘을 두름과 같이 여호와께서 그의 백성을 지금부터 영원까지 두르시리로다." 하나님 백성의 실존은 확실하고 불변하고 안전하고 무사합니다. 그것을 선포하는 본문의 이미지는 심리학이 아니라 지리학에서 왔습니다.

지혜로운 성장

우리 주님이시며 구주이신 예수 그리스도의 은혜와,
그분을 아는 지식 안에서 자라 가십시오.
베드로후서 3:18

　성장이란 단순한 변화와 대조됩니다. 성장할 때 우리는 과감히 새 지평으로 나아가 더 많은 사람들을 내 삶에 품습니다. 더 많이 섬기고 더 많이 사랑합니다. 우리 문화는 변화로 가득할 뿐 성장은 빈약합니다. 신제품, 신개발, 새 모델, 새 기회가 매순간 숨 가쁘게 발표됩니다. 그러나 그것들은 지혜로운 장기적 성장의 성분이 되지 못하고 단순히 이전 것을 대치할 뿐입니다. 이전 것을 버리고 새것을 들입니다. 그러다 새것에도 싫증나면 우리는 다음 유행을 쫓습니다.

　늘 새것에 끌리는 사람들은 절대 성장하지 못합니다. 하나님의 길은 바꾸는 것이 아니라 자라는 것입니다.

인격이신 하나님

하나님의 눈은 그분을 귀히 여기는 이들,
그분의 사랑을 구하고 찾는 이들에게 머문다.
시편 33:18

히브리 민족은 역사의 민족입니다. 그들은 하나님이 자기네 삶 속에 일하심을 믿었습니다. 행동하시는 하나님을 믿었습니다. 하나님은 막연히 달아오른 감정이 아니었습니다. 하나님은 추상적인 관념이 아니었습니다. 하나님은 창조하시고 지휘하시고 구원하시고 복 주시는 역사 속의 인격이었습니다. 하나님은 인간사 속에 들어오셨습니다. 그리고 심판하시고 구원하셨습니다. 책임을 물으시고 복을 주셨습니다. 무엇보다 그분은 사랑하셨습니다.

삶의 틀

성소를 향해 손을 들고 찬양하여라.
하나님을 찬양하여라.

시편 134:2

어느 집에 심방 갔을 때의 일입니다. 내가 만나려던 여자분은 타원형 고리에 천을 팽팽히 끼우고 수를 놓는 중이었습니다. 그는 말했습니다. "목사님, 목사님을 기다리다가 제 문제를 깨달았어요. 제게는 틀이 없지 뭐예요. 제 감정과 생각과 활동은 모두 후줄근하게 축 늘어져 있어요. 삶에 경계선이 없는 거지요. 이 자수의 틀처럼 제 삶에도 틀이 필요합니다."

틀이 있어야 지금 내가 어디 있는지 알 수 있고 불안감 없이 쉽게 내 일에 임할 수 있습니다. 그 틀을 어떻게 얻습니까? 그리스도인들은 예배드리러 갑니다. 매주 우리는 예배처소에 들어가 삶의 실제적인 정의를 얻습니다. 하나님이 우리를 창조하신 방식과 지금 우리를 인도하시는 방식을 깨닫습니다. 자신의 현 위치를 파악합니다.

사랑은 관계다

사랑하는 자들아, 하나님이 이같이 우리를 사랑하셨은즉
우리도 서로 사랑하는 것이 마땅하도다.

요한일서 4:11, 개역개정

성경에 쓰인 사랑이란 단어에는 두 가지 확실한 특성이 있습니다. 사랑의 명스승 요한이 가르친 대로 사랑의 기원은 하나님께 있으며("우리가 사랑함은 그가 먼저 우리를 사랑하셨음이 라"요일 4:19) 사랑은 인격체와의 관계입니다("하나님이 이같이 우리 를 사랑하셨은즉 우리도 서로 사랑하는 것이 마땅하도다"). 사랑은 내 감정을 표현하는 단어가 아닙니다. 사랑은 내 필요를 채우는 기술이 아닙니다. 사랑은 묵상이나 강론의 주제가 되는 추상 적 순수 이상이 아닙니다. 사랑은 인격체와의 관계 속에서 하 나님께 반응하는 행위, 그분께 보조를 맞추는 행위입니다.

하나님의 길을 걷는다

선을 행하되 지치지 마십시오.
포기하거나 중단하지 않으면,
때가 되어 좋은 알곡을 거둘 것입니다.
갈라디아서 6:9

기독교 제자도는 꾸준하고 견고하게 하나님의 길을 걷겠다는 결단입니다. 그리고 내 모든 관심과 열정과 은사와 인간적 욕구와 영원한 염원이 그 길로 통합된다는 사실을 깨닫는 것입니다. 제자도는 삶의 방식입니다. 우리는 그렇게 살도록 지음받았습니다. 그 안에 끝없는 도전들이 있어 우리의 믿음을 계속 자라게 합니다. 언제나 우리 곁을 떠나지 않는 하나님이 계시므로 우리는 인내할 수 있습니다.

현실의 삶

주 우리 하나님, 은혜를 베푸셔서
우리가 하는 일이 잘되게 하소서.
시편 90:17

기도하는 이들은 "우리의 시민권은 하늘에 있다"고 고백하며 하늘의 상을 얻고자 애씁니다. 그러나 보이지 않는 세계에 열정을 품는다 해서 일상사의 책임이 벗어지는 것은 아닙니다. 착실한 근무와 공정한 시합, 탄원서 서명과 세금 납부, 악의 징벌과 의의 장려, 비 맞기와 꽃향기 맡기. 현실이란 오감으로 느끼는 오만 가지 편린들의 무한한 조합입니다. 우리는 기도의 행위로 그것을 받고 또 드립니다.

베풀 수 있는 자유

내 부탁을 들어주시기 바랍니다.
서로 뜻을 같이하고, 서로 사랑하고,
서로 속 깊은 벗이 되십시오.

빌립보서 2:2

살면서 좋은 것들을 얻을수록 우리는 더 독립적인 존재가 되는 게 아닙니다. 우리는 내 부를 지키려고 더 큰 창고들을 짓지 않습니다. 우리는 나누고 돕고 베풀 새로운 창구들을 찾습니다.

설령 부족하고 연약하고 무력할지라도, 우리는 베풀 수 있는 자유가 있습니다. 그러나 베풀지 않을 자유는 없습니다. 베풀지 않으면 옥에 갇힙니다. 베풀지 않으면 삶의 폭이 좁아집니다. 베풀지 않고 자아에 집착하고 도취되면 심령에 족쇄가 채워집니다.

믿음의 가족

서로 사이좋게 지내고, 각자 자기 몫의 일을 하십시오.
데살로니가전서 5:13

그리스도인이 되는 순간 우리는 믿음의 형제자매들 가운데 있습니다. 독자나 독녀 그리스도인이란 없습니다.

물론 믿음의 가족이라 해서 반드시 행복한 것은 아닙니다. 우리가 만나는 믿음의 형제자매들이 언제나 착한 사람들은 아닙니다. 그리스도를 믿기 시작한 후로도 그들은 여전히 죄인입니다. 까다로운 사람들도 있고 무딘 사람들도 있습니다. 그러나 동시에 우리 주님은 그들이 믿음의 형제자매들이라고 우리에게 말씀하십니다. 하나님이 내 아버지라면 이들이 곧 내 가족입니다.

예배는 우리를 눈부시게 한다

앉으신 이의 모양이 벽옥과 홍보석 같고
또 무지개가 있어 보좌에 둘렸는데
그 모양이 녹보석 같더라.
요한계시록 4:3, 개역개정

벽옥, 홍보석, 녹보석. 색색의 보석 빛이 예배로 모인 모든 사람을 흠뻑 적십니다. 죄의 때가 묻어 검댕처럼 더러워진 삶이 바야흐로 본연의 총천연색을 드러냅니다. 흐릿해진 색조와 가물가물한 선이 모두 본래의 선명함과 빛깔로 살아납니다. 보석이 보석인 까닭은 빛을 한데 모아 강도를 높여 주기 때문입니다. 빛은 총천연색으로 충만합니다. 우리 눈이 둔해 보이지 않을 뿐입니다.

"하나님은 빛이시라. 그에게는 어둠이 조금도 없으시다." 예배는 우리 내면과 주변의 총천연색 빛을 드러내 주는 보석입니다. 예배는 우리를 눈부시게 합니다.

만왕의 왕

그분은 피로 물든 옷을 입으셨고,
하나님의 말씀이라고 불립니다.……
그의 옷과 허벅지에는 만왕의 왕,
만주의 주라고 적혀 있습니다.

요한계시록 19:13, 16

친히 밝히셨듯이, 하나님은 그저 몇몇 영혼을 저주에서 구하시는 것으로 족하실 수 없습니다. 하나님이 구상하신 구원의 규모는 우리의 이해력을 무한히 능가합니다. 새 하늘과 새 땅이 망라된 것입니다.

기도하는 사람들은 왕과 제사장을 동시에 대합니다. 하나님은 우주에 당신의 통치를 세우시는 왕이자 사람들을 당신과 화목케 하시는 제사장입니다. 기도할 때 우리는 중심부부터 주변부까지, 그 사이를 직접 오가시는 하나님의 활동에 동참합니다.

거룩함의 수확

오! 우리에게 제대로 사는 법을 일러 주소서!
지혜롭게 잘사는 법을 가르쳐 주소서!
시편 90:12

거룩한 삶이란, 우리의 언행으로 그리스도의 사랑과 임재를 표현하는 삶입니다. 거룩한 삶은 다음과 같은 확신에 근거합니다. 곧 우리가 하는 모든 일은 하나님의 활동과 결탁되어 있습니다. 그것이 무슨 일이든 상관없습니다. 우리 삶이 아무리 흔하고 눈에 띄지 않는 삶이라도 상관없습니다. 우리의 일상이라는 씨앗은 장차 거룩함의 수확이 될 수도 있고 진노의 수확이 될 수도 있습니다.

기도는 언어입니다

나는 그대가 무엇보다 먼저 기도하기를 바랍니다.
그대가 아는 모든 방법을 동원해서,
그대가 아는 모든 사람을 위해 기도하십시오.

디모데전서 2:1

기도는 하나님과의 인격적 관계에 쓰이는 언어입니다. 우리의 느낌과 원함과 반응이 하나님 앞에 발성되어 나오는 것이 곧 기도입니다. 하나님은 우리에게 말씀하십니다. 우리의 대답은 기도입니다. 대답이 늘 또렷한 발음으로 나오는 것은 아닙니다. 침묵과 한숨과 신음도 다 반응의 일부입니다. 대답이 늘 긍정적인 것만도 아닙니다. 분노와 회의와 저주도 반응입니다. 그러나 어둠이든 빛이든, 믿음이든 절망이든 아뢰는 대상은 언제나 하나님입니다. 거기에 익숙해지기란 쉽지 않습니다. 우리는 하나님께 말하기보다는 하나님에 관해 말하는 습성이 있습니다.

하나님 중심의 세계

간구와 찬양으로 여러분의 염려를 기도로 바꾸어,
하나님께 여러분의 필요를 알리십시오.

빌립보서 4:6

날마다 우리가 깨어나 맞이하는 세상은, 허풍이 요란하
고 총기를 휘두르고 돈으로 뻐기는 곳입니다. 정부와 군대와
억대 부자들 앞에서 기도가 무슨 소용입니까? 모든 가시적 권
력이 이미 국가 지도층과 기업 총수들에게 할당된 이 마당에
기도할 의욕이 어디서 생긴단 말입니까?

기도란 불안의 세계를 떠나 경이의 세계로 들어가려는
각오입니다. 자아 중심의 세계를 떠나 하나님 중심의 세계로
들어가려는 결심입니다. 문제의 세계를 떠나 신비의 세계로
들어가려는 의지입니다. 쉽지 않은 일입니다. 우리는 불안과
자아와 문제에 익숙해 있습니다. 경이와 하나님과 신비에는
익숙해 있지 않습니다.

더 크신 하나님

너희 안에 계신 이가 세상에 있는 자보다 크심이라.

요한일서 4:4, 개역개정

"선하신 하나님이 왜 악을 허용하십니까?" 이 질문에 답하려는 시도는 성경 어디에도 없습니다. 악이란 기정사실입니다. 어떤 것은 분명 악입니다. 실존의 표면에 난 옥의 티가 아니라 악입니다. 성경은 많은 지면을 할애하여 그 점을 역설합니다. 그러나 악에 대한 설명은 없습니다. 성경은 오히려 악의 정황을 규명합니다. 모든 악은 역사의 장에서 벌어지는데, 그리스도와 기도가 그 역사의 장을 포박하고 있습니다. 악은 설명되지 않고 포위되어 있습니다. 그 정황이 하나님 말씀에 압축되어 있습니다. 악을 인정하되 두려워하지는 말 것은 "너희 안에 계신 이가 세상에 있는 자보다 크시기" 때문입니다.

종

내가 붙드는 나의 종, 내 마음에 기뻐하는 자
곧 내가 택한 사람을 보라.
이사야 42:1, 개역개정

종의 역할은 예수님 안에서 완성되었습니다. 물론 위엄 있는 왕의 출현을 세상에 알리려 예수님의 출생 전후에 상서로운 징조들이 있기는 있었습니다. 그러나 그분의 출생 자체는 낮고 천한 촌사람 태생이었습니다. 한 시시한 동네의 가장 허름한 건물에서 태어난 그분은, 지위나 특권의 표시를 평생 거부하셨습니다. 그분은 문둥병자들을 만지시고 제자들의 발을 씻기시고 어린아이들의 친구가 되어 주시고 여자들을 가까이 오게 하시고, 마침내 외세의 십자가형에 복종하셨습니다. 예수님의 모든 것이 종의 삶을 말해 줍니다.

하나님께 초점을 맞춘다

하나님, 귀를 열어 내 기도를 들어주소서.
……가까이 오셔서 속삭이듯 응답해 주소서.

시편 55:1

우리는 다 겉과 속이 따로 놀기 일쑤입니다. 모순투성입니다. 우리는 사건과 실망의 위력 아래 방향 감각을 잃고 어지러이 휘청거립니다. 모순만 의식하고 산다면, 우리는 미쳐서 정신병원에 누울 것입니다. 그러나 의식주, 신뢰, 사랑, 용서, 일, 여가 등 삶을 이어 가게 해주는 것들에 부응하여 살면 제정신을 잃지 않습니다. 삶의 내부와 외부가 서로 맞아듭니다. 내면의 시끄러운 요구와 외면의 부득이한 필요가 섭리의 위계 안에 제자리를 찾습니다.

기도하면 모든 필요가 하나로 통합됩니다. 모든 필요를 채우시는 분이 주관하시기 때문입니다. 기도란 하나님께 초점을 맞추는 것입니다. 그러면 모든 것의 초점이 잡힙니다.

함께하는 기도

내가 주의 이름을 형제에게 선포하고
회중 가운데에서 주를 찬송하리이다.
시편 22:22, 개역개정

우리는 누군가의 기도 인도를 통해 기도를 배웁니다. 흔히 우리는, 기도란 내 필요 때문에 내가 나서서 하는 것이려니 생각합니다. 우리는 하나님을 향한 깊은 갈망을 경험합니다. 그래서 기도합니다. 우리는 하나님께 샘물처럼 솟아나는 감사를 느낍니다. 그래서 기도합니다. 우리는 하나님 앞에서 엄청난 죄책감에 눌립니다. 그래서 기도합니다. 하지만 예배드릴 때는 내가 나서지 않습니다. 기도를 재촉하는 것은 내 경험이 아닙니다. 누군가 우리 앞에 서서 말합니다. "함께 기도합시다." 내가 시작하지 않습니다. 다른 사람이 시작합니다. 이렇게 우리는 한 걸음 뒤로 물러나거나 곁에 나란히 섭니다. 더 이상 내 자아가 선두나 중앙을 차지하지 않습니다.

우리가 예배하는 하나님

어느 누구도……보거나 듣지 못했고……상상해 본 적도 없습니다.
그것은 하나님께서 자기를 사랑하는 이들을 위해
마련해 두신 것입니다.

고린도전서 2:9

우리가 예배하는 하나님은 우리 힘으로 못하는 일을 대신 해주시는 분입니다.

하나님께는 우리의 지식을 총동원해도 가히 예상할 수 없는 차원이 있습니다. 기적이 그 증거입니다. 기적을 믿는다는 것은 하나님이 자유로우신 분이라는 고백과 다름없습니다. 그분은 자유자재로 새 일을 행하십니다. 그분은 자연계의 인과율과 결정론에 구애받지 않으십니다. 자신이 만든 우주라는 기계에 속박당하지 않으십니다. 그분은 우리 눈에 보이는 이치와 순리를 자유로이 초월하십니다. 뜻하신 일이면 뭐든지 자유자재로 행하십니다. 친히 정해 두신 자연법칙에 따르실 수도 있고 그렇지 않을 수도 있습니다.

하나님이 쓰시는 재료

어둠 속을 헤매던 백성이 큰 빛을 보았다.

이사야 9:2

주변에 넘쳐나는 붕괴 현장을 자세히 보십시오. 붕괴된 육체, 붕괴된 결혼, 붕괴된 직장, 붕괴된 계획, 붕괴된 가정.

그러나 우리는 성령께서 내 안에, 우리 가운데 계심을 믿습니다. 성령께서 난장판 같은 세상의 악과 우리 죄 위에 계속 머무시며, 새 세계와 새로운 피조물들을 빚으시고 계심을 믿습니다. 우리는 하나님이 세상 역사의 붕괴에 놀라다 웃다 하는 구경꾼이 아니라 참여자이심을 믿습니다.

우리는 하나님이 모든 것을 재료로 쓰셔서 찬양의 삶을 만드심을 믿습니다. 붕괴처럼 생긴 것이라면 특히 더 그렇습니다.

침묵과 고독

하나님은 기도하는 모든 이들에게 귀 기울이시고
기도하는 모든 이들과 진심으로 함께하신다.

시편 145:18

기도가 싹트는 곳은 모든 소소한 일상 속입니다. 우리 마음의 가장 외로운 구석입니다. 지리적으로든 정서적으로든 가장 고립된 유배지입니다. 우리는 침묵을 많이 가꾸어야 합니다. 고독의 넓은 땅을 지켜야 합니다. 고기와 감자가 몸에 꼭 필요하듯, 침묵과 고독은 영혼에 꼭 필요합니다.

하나님의 실체

하나님, 이스라엘의 하나님을 찬양하여라!
지금, 그리고 영원토록 찬양하여라!

시편 106:48

히브리인들의 관심은 인간의 상태를 이해하는 데 있지 않고 하나님의 실체에 반응하는 데 있었습니다.

그들의 목적은 인류의 상태를 이해하는 것이 아니라, 하나님이 하시는 일에 합류하는 것이었습니다. 그리스인들은 실존을 인간적 관점에서 이해하는 데 전문가였습니다. 히브리인들은 인간 실존으로 하나님께 반응하는 데 전문가였습니다. 그리스인들에게 사건마다 이야기가 있다면, 히브리인들에게는 사건마다 기도가 있습니다.

자료 출전

유진 H. 피터슨의 저작들에서 자료를 선별할 수 있도록 사용을 허락해
준 원 출판사들에 깊은 감사를 드린다.

Answering God: The Psalms as Tools for Prayer (New York: HarperCollins
Publishers, 1989).

1/13, 1/21, 1/30, 2/7, 2/19, 2/28, 3/16, 3/28, 4/14, 4/26, 5/7, 5/13,
5/24, 6/10, 6/19, 7/6, 7/15, 7/26, 8/12, 9/7, 9/19, 10/14, 10/30, 11/15,
11/24, 11/26, 12/22, 12/23, 12/27, 12/30

"Bathsheba-Gate!" *Christianity Today* (June 15, 1998).

1/27, 1/24

The Contemplative Pastor: Returning to the Art of Spiritual Direction (Grand
Rapids: Wm. B. Eerdmans Publishing Co., 1993).

1/12, 3/7, 3/21, 4/5, 4/20, 5/6, 5/19, 6/25, 7/5, 8/5, 9/6, 9/22, 10/6, 11/3,
12/8, 12/29

Five Smooth Stones for Pastoral Work (Grand Rapids: Wm. B. Eerdmans
Publishing Co., 1980).

1/31, 2/8, 2/26, 3/8, 3/29, 4/7, 4/27, 6/23, 7/7, 8/6, 9/8, 11/5, 11/27,
12/25, 12/28

Leap Over a Wall: Earthy Spirituality for Everyday Christians (New York:
HarperCollins Publishers, 1997).

1/4, 1/10, 1/20, 2/5, 2/16, 2/27, 3/5, 3/15, 3/26, 4/3, 4/13, 4/25, 5/4,
5/12, 5/23, 6/4, 6/18, 6/26, 7/3, 7/14, 7/25, 8/3, 8/11, 8/22, 8/29,
9/3, 9/15, 9/23, 10/13, 10/25, 10/28, 10/31, 11/4, 11/14, 11/25, 12/6,
12/12

Like Dew Your Youth: Growing Up with Your Teenager (Grand Rapids: Wm. B.
Eerdmans Publishing Co., 1976, 1987, 1994).

1/15, 1/23, 2/11, 2/18, 3/10, 4/16, 5/9, 5/15, 6/6, 7/8, 7/17, 8/7, 8/14,
9/10, 9/17, 10/10, 11/10

A Long Obedience in the Same Direction: Discipleship in an Instant Society
(Downers Grove, IL: InterVarsity Press, 1980).

1/1, 1/6, 1/8, 1/18, 1/24, 2/3, 2/14, 2/20, 3/3, 3/14, 3/18, 3/27, 4/2, 4/11, 4/17, 4/23, 4/29, 5/3, 5/16, 5/22, 6/2, 6/7, 6/8, 6/12, 6/17, 6/21, 6/29, 7/11, 7/12, 7/18, 7/24, 7/28, 7/30, 8/1, 8/9, 8/15, 8/21, 8/26, 8/31, 9/1, 9/13, 9/18, 9/30, 10/3, 10/15, 10/17, 10/24, 11/12, 11/17, 11/23, 12/2, 12/5, 12/10, 12/13, 12/15, 12/18

"Practicing and Malpracticing the Presence of God," *Leadership Journal*
(fall quarter, 1984).

3/24

Reversed Thunder: The Revelation of John & The Praying Imagination (New York: HarperCollins Publishers, 1988).

1/2, 1/22, 1/29, 2/1, 2/17, 3/2, 3/17, 3/30, 4/6, 4/15, 4/28, 4/30, 5/1, 5/14, 5/25, 5/26, 5/28, 6/11, 6/20, 6/22, 6/28, 6/30, 7/16, 7/27, 7/29, 8/13, 8/23, 8/24, 8/25, 8/27, 8/30, 9/16, 9/24, 9/26, 10/1, 10/7, 10/16, 10/20, 10/26, 11/6, 11/16, 11/28, 11/30, 12/1, 12/19, 12/21, 12/24, 12/26

Run with the Horses: The Quest for Life at Its Best (Downers Grove, IL: InterVarsity Press, 1983).

1/5, 1/16, 1/25, 2/2, 2/12, 2/21, 3/11, 3/19, 3/23, 4/1, 4/9, 4/18, 4/22, 5/2, 5/10, 5/17, 5/21, 6/1, 6/13, 6/27, 7/10, 7/19, 7/22, 8/8, 8/16, 8/19, 9/11, 9/20, 10/2, 10/11, 10/18, 10/22, 11/18, 11/21

Traveling Light: Modern Meditations on St. Paul's Letter of Freedom (Colorado Springs, CO: Helmers & Howard, 1988).

1/7, 1/11, 1/17, 1/26, 1/28, 2/6, 2/13, 2/22, 2/25, 3/1, 3/6, 3/12, 3/20, 3/25, 3/31, 4/4, 4/10, 4/19, 4/24, 5/5, 5/11, 5/18, 5/30, 6/5, 6/14, 6/16, 7/2, 7/4, 7/9, 7/20, 7/23, 8/4, 8/17, 8/20, 9/4, 9/5, 9/12, 9/21, 9/29, 10/5, 10/19, 10/23, 11/2, 11/7, 11/11, 11/19, 11/22, 12/7, 12/9, 12/14, 12/17

Under the Unpredictable Plant: An Exploration in Vocational Holiness (Grand Rapids: Wm. B. Eerdmans Publishing Co., 1992).

2/10, 4/8, 5/8, 10/9, 11/9

Where Your Treasure Is: Psalms that Summon You from Self to Community (Wm. B. Eerdmans Publishing Co., 1985).

1/3, 1/9, 1/19, 2/4, 2/15, 2/23, 3/4, 3/13, 3/22, 4/12, 4/21, 5/20, 5/27,

5/29, 5/31, 6/3, 6/9, 6/15, 6/24, 7/1, 7/13, 7/21, 8/2, 8/10, 8/18, 8/28,

9/2, 9/14, 9/25, 9/27, 9/28, 10/4, 10/12, 10/21, 10/27, 10/29, 11/1,

11/13, 11/20, 11/29, 12/3, 12/4, 12/11, 12/16, 12/20

Working the Angles: The Shape of Pastoral Integrity (Grand Rapids: Wm. B. Eerdmans Publishing Co., 1987).

1/14, 2/9, 3/9, 7/31, 9/9, 10/8, 11/8, 12/31